Una vida sin límites

Para Nana

con mucho

cariño.

Vanenka

1 08/24/13

Una vida sin límites

REFLEXIONES BASADAS EN EL TAO TE CHING Y EL *COACHING* ONTOLÓGICO

Alejandra Llamas

Grijalbo

Una vida sin límites
*Reflexiones basadas en el Tao Te Ching
y el* coaching *ontológico*

Primera edición para Estados Unidos: enero, 2010

D. R. © 2009, Alejandra Llamas

D. R. © 2009, derechos de edición mundiales en lengua castellana:
Random House Mondadori, S. A. de C. V.
Av. Homero núm. 544, col. Chapultepec Morales,
Delegación Miguel Hidalgo, 11570, México, D. F.

www.rhmx.com.mx

Comentarios sobre la edición y el contenido de este libro a:
literaria@rhmx.com.mx

ISBN 978-030-739-318-0

Impreso en México / *Printed in Mexico*

Distributed by Random House Inc.

Hay una gran diferencia entre saber el camino y vivir el camino.

Morfeus

Índice

VERSOS

El silencio es el camino a la sabiduría interior,
ésta es la que se conecta con la conciencia universal,
la que vive en armonía con su entorno.

Alejandra Llamas

Objetivo

*C*omo todos, he tenido momentos de gran aprendizaje, de vuelo, de reto, y otros de profunda tristeza. Esto ha hecho mi vida plena, pero complicada y difícil de entender, sobre todo cuando he tratado de descifrarla, controlarla o apresurar un resultado para tener la confianza de que todo va a estar bien.

Nací en la Ciudad de México en 1970. De niña me sentía inadecuada, me daba cuenta de que algo primordial en la manera de vivir no tenía sentido. La invalidez emocional en la que crecimos no sostenía nuestra salud mental y emocional; me recuerdo en muchas ocasiones nostálgica y confundida. Ahora entiendo que la visión del mundo en que muchos crecimos, educaba la mente de manera errónea creando contrastes, dividiendo el mundo en bonito o feo, bueno o malo, mejor o peor, etcétera. Creando aspectos radicales ante las circunstancias, las personas y las cosas, no permitiendo ver el espectro de un todo. Esto genera una realidad dividida, absurda, competida y separatista, por lo que surge miedo y ansiedad. Evaluamos el éxito a partir de circunstancias externas como la reputación, el dinero, el estatus social, el qué dirán y las cosas materiales. Ésta es la manera en que hemos aprendido a vivir a un nivel consciente e inconsciente, alejándonos de la garantía de saber que ya estamos completos, realizados y con la grandeza de la fuerza divina dentro y fuera de nosotros.

Algo nuevo esta surgiendo en el mundo, una nueva conciencia, un llamado, un nuevo despertar de quienes somos y de cómo experimentar la vida.

Existen dos emociones de raíz: el amor y el miedo. Nuestra humanidad hoy, en su mayoría, está sembrada en el miedo; actuamos, pensamos y hablamos desde este lugar, atacamos y juzgamos a otros por sentirnos inferiores e inadecuados. Este libro es una herramienta de conexión a un mundo interno que nos lleva de la separación y el miedo a la unión y al amor.

Necesitamos cambiar drásticamente la manera en que entendemos la vida. Cambiar nuestros patrones de pensamiento a unos basados en amor y bienestar. Entender que somos seres espirituales.

Cada situación, cada persona que conocemos es un paso más a nuestra evolución interior.

Al rendirnos, al ofrecer la mente a una fuerza más allá de nuestro entendimiento, nos relajamos, confiamos y entramos en un entorno energético suave que permite la abundancia y la co-creación. Es en este lugar en el que lograremos sacar lo mejor de nosotros y llevar a cabo nuestra realización espiritual a un nivel colectivo.

La muerte de mi padre fue mi gran despertar; me permitió entrar a un mundo que va más allá de lo terrenal. Mi padre fue un hombre de carácter fuerte, decidido, valiente y luchador. Mi relación con él en la infancia fue compleja, como la de muchos de nosotros. Muchos de los hombres de su generación crecieron lejos de la posibilidad de desarrollar su capacidad emocional. Ahora que lo recuerdo, creo que estaba lleno de miedos e inseguridades que lo llevaban a usar un caparazón de protección. Su personalidad era agresiva y hostil en muchas ocasiones, y en otras podía ver los momentos en que surgía la alegría de su espíritu. Mis padres se separaron cuando yo tenía cinco años y vivieron un proceso de divorcio que duró ocho años. No sólo ellos sufrieron en este proceso; también los que estábamos a su alrededor. Él tuvo cáncer a los 50 años y en la operación para curarlo le transmitieron hepatitis C. Murió puntualmente 10 años después del diagnóstico hecho en el año 2000, como el médico determinó. Vivió la enfermedad como un camino. En el transcurso de esos años lo vi volverse alma. Con todo que perder, cambió la manera de relacionarse con la vida. El último mes de su vida me fui a vivir con él, la enfermedad lo tenía muy cansado. Cada día que pasaba observaba cómo su alma resplandecía a través de su cuerpo, se volvía más ligero, la materia se aligeraba y el espíritu estaba a flor de piel. Lo veía en su mirada, en su piel, en su tono de voz. Su espíritu trascendió al cuerpo, la personalidad y los miedos se evaporaron, la sabiduría y la paz respiraron. La magia de vivir esto me abrió los ojos. Entendí que la vida termina en espíritu. Su muerte me abrió un sin fin de posibilidades. Aprendí que esta experiencia de vida es sólo un momento. Recuerdo esa etapa llena de magia, de luz y de una profunda conexión con una dimensión mucho más profunda que la vida.

Reflexioné sobre el propósito espiritual de la existencia y cómo podía emprender este recorrido a través de una filosofía de vida alejada de las reglas impuestas por alguna institución rígida y divisoria de nosotros como humanidad.

¿En dónde vive nuestra paz? ¿Qué es real? ¿A dónde se había ido el espíritu que yo había percibido en mi padre?

Para mí fue claro el proceso de trascendencia que dejó su muerte, fue la última gran lección que él, como mi maestro, puso en mi camino.

Una psíquica me dijo: "La muerte de tu padre será el despertar de la realización de los deseos de tu corazón". En ese momento no lo entendí; nueve años después me doy cuenta de cómo el propósito de mi espíritu se ha manifestado claramente en mi vida a partir de esa experiencia.

En este nuevo camino me certifiqué como *coach* ontológico y como maestra de yoga, y por ello decidí abrir un centro en Miami, Ontologik, en el cual se practican estas dos disciplinas. El propósito con el que fue creado es dar luz a un lugar en donde las personas puedan conectarse con su sabiduría, su respiración y con un momento de paz. Ontologik es un espacio consciente, es un centro en el que aprendemos a relacionarnos desde el corazón y aprendemos a comunicarnos desde la paz y nuestro gran propósito, dejando fuera al ego lo más posible; éste siempre es el gran reto.

Dedico mi vida a trabajar con personas que están en el camino para encontrar su paz.

En este camino una de las influencias más importantes para mí ha sido la filosofía del Tao, ya que une la mente eliminando los contrastes ilusorios y nos vuelve uno con el entorno, nos enseña a vivir en armonía, amor y fuerza interior. Es por ello que este libro lo escribo tomando como columna vertebral sus enseñazas y la influencia que ha tenido en mí el trabajo que hago como *coach* ontológico. Para este libro retome 45 versos de los 81 originales del Tao. Por un lado está el verso original y después comento mi interpretación; en algunos comento la manera en que fui practicando sus enseñanzas y la similitud que encontré con otras enseñanzas como el *coaching* y el curso de milagros.

El Tao ha dado respuestas profundas a mis preguntas, reflexionando sobre ellas y aplicándolas en la vida del ahora. Esta manera de entender la vida me ha generado una profunda sensación de paz y de gozo conmigo misma y con lo que sucede a mi alrededor, logra que la mente viva en el equilibrio por lo que nos aleja de la angustia y la depresión, nos acerca al espíritu, al amor y a reconocernos como parte de un todo.

El Tao forma parte de una de las más antiguas filosofías del arte de vivir. Entender el Tao no es fácil porque propone un entendimiento del mundo opuesto al que nos enseñaron. Parte de entender que dentro de nosotros está nuestro hogar, desde este lugar permitimos que la vida sea, nos sembramos en el amor y liberamos la mente. Viviendo así vamos a evolucionar como humanidad, de la mano de la igualdad, la sanación, la paz y lo eterno.

Por otro lado, mi madre ha sido para mí un fluir de posibilidades, ha sido mi ejemplo de lucha y determinación. Como gran guerrera de vida nunca ha dejado la búsqueda de la felicidad, la elegancia de vivir y el arte de aprender. Ella abrió para mí la posibilidad de cuestionarme, de defender mi feminidad; siempre influidas por el enorme y majestuoso ejemplo de vida que ha sido mi abuela (mi Tata), reconozco que vengo de una línea de mujeres visionarias, humanistas, de espíritu humilde, fuerte, sembrado en la sabiduría ancestral que llevamos dentro. Mi gran compañero de vida ha sido Genaro, a quien admiro por el ser humano que es: su ejemplo, su fuerza, su valentía me han enseñado a ser mejor persona, a honrar mi camino. (Me has dado la oportunidad de gozar y amar con la magia del amor de los cuentos, te amo eternamente.) Mi Pat y mi Hana, mis hijos adorados: nunca voy a dejar de aprender de sus sabios e inocentes corazones.

Ceci y Fede, ojalá esté a la altura de los hermanos tan maravillosos que la vida me dio, estoy profundamente agradecida de su presencia en mi vida.

Ahora me doy cuenta de que ya somos muchos para los que no han tenido sentido las ideas predeterminadas o las precisas formas de actuar que pide el exterior cultural y social.

La conciencia colectiva ha cambiado radicalmente en tan poco tiempo; algunos seguirán viviendo infiernos creados por su mente y por su realidad, y otros serán víctimas de la enfermedad mental ajena. Hoy podemos elegir transformarnos, madurar, amar y gozar la extraordinaria experiencia que es vivir.

Introducción

*L*os últimos años han sido silenciosos; esto me ha dado la oportunidad de reconocer la importancia de conocerse, de el valor que tiene el silencio para lograr una profunda conexión con nuestro interior. Así se abre el espacio para observar lo que pensamos y reconocer que los pensamientos son energía; que nos visitan pero no somos ellos y no necesariamente tenemos que responder a sus mandatos; vivir identificándonos con nuestros pensamientos es vi-

*Para dejar ir estos pensamientos, el reto es nuestro ego
ya que éste vive de ellos y sin ellos deja de ser, deja de existir.
No entendemos que con una mente clara
estamos libres de sólo "ser".*

vir a merced de la locura colectiva. Para sanar nuestra mente debemos dejar de proyectar nuestro ego por todos lados. La manera de salirnos de estas conversaciones internas es entender que los pensamientos negativos nos vuelven individualistas, crean limitación, nos encarcelan y nos ponen a su disposición. Para dejar ir estos pensamientos, el reto es nuestro ego ya que éste vive de ellos y sin ellos deja de ser, deja de existir. No entendemos que con una mente clara estamos libres de sólo "ser".

El compromiso de vivir con paz interior es de cada uno de nosotros, requiere ser honestos y responsables en cada momento para elegir la paz con nuestro entorno. Reconocer que lo que tenemos dentro como seres humanos es perfecto en esencia, nos hace vibrar, ser felices y nos mantiene cerca de nuestra fortaleza. Lo que cubre nuestra paz son capas que toman formas en nosotros, basadas en creencias y pensamientos conscientes e inconscientes.

Dentro de nosotros está nuestro ser, nuestra esencia, la que vive siempre libre, fuerte y poderosa; la misión es dejarla salir y liberarnos de todo el bagaje que llevamos cargando, que nos hace la vida complicada y nos aleja de la simplicidad de ser felices.

El propósito de vida

El propósito de vida es: estar en el momento, estar pleno, estar en espíritu y en cuerpo, encontrando resonancia con el camino, reconociendo que la percepción de si el camino es difícil o fácil dependerá de nuestras creencias y pensamientos.

El reflejo de quién eres está presente en tu realidad, el mundo es una proyección de la mente, la vida es lo que filtra el ser, no podría ser de otra manera. Nos reflejamos ante el mundo y decidimos cómo nos comprometemos o no con él; nuestras acciones y nuestras relaciones humanas tienen que ver sólo con la relación que tenemos con nosotros mismos.

Lao-Tzu y el Tao Te Ching

El *Tao Te Ching* ha sido leído por aquellos seres humanos que buscan paz e inspiración.

Es un pequeño libro escrito hace más de 2 500 años por un sabio chino llamado *Lao-Tzu*, en 81 versos. El *Tao Te Ching* describe al *Tao* como:

Tao: La manera en que se establece la vida (el camino).
Te: Viviendo en armonía con la vida. Llegarás a vivir en *Te* en tu calidad de contemplación del *Tao*.

El Tao

El Tao es el origen, existió antes que cualquier religión, antes que las leyes de los hombres y que los códigos morales y sociales. Del Tao brotan todas las cosas y los seres, y él los cubre y los protege, como el agua al pez. El Tao es la esencia que precede a la existencia, es la realidad última; la dimensión profunda de la que surge la vida. El Tao es vacío, es espacio, es inteligencia, es vida, es armonía. La vida, o Te, surge del Tao. Del vacío se genera todo, es de donde surgen las posibilidades. La utilidad del Tao es este vacío. Sentimos la conexión con el Tao cuando cultivamos quietud, silencio y calma. Propiciamos en nosotros la presencia del Tao vaciando nuestro ser. Nos alejamos del Tao cuando estamos inmersos en las actividades de la vida cotidiana viviendo inconscientes, dormidos, operando desde nuestro personaje, desde el ego, estresados o con miedo; empezamos a vivir en la ilusión de una "realidad". El Tao es el camino del retorno, tal como lo enseñaba Lao-Tzu, el regreso a lo esencial, a lo más profundo. Al ser uno con el Tao nuestros esfuerzos disminuyen, los conflictos se disipan y entonces todo es posible, no la manifestación humana, sino la manifestación sin limites que usa al ser para crear a través de él.

Para el Tao el proceso de la vida es crecer, vivir y morir; este proceso se vive en cada momento, en cada día, y se vuelve el proceso de la vida. En este proceso todo nace del elemento del silencio de la naturaleza y todo vuelve a él. Reconocer esto es reconocer el principio intrínseco de la vida. Mientras que este principio es fácil de entender intelectualmente, Lao-Tzu desea que lo comprendamos existencialmente. El trabajo de vivir a partir de este principio es lo que él llama "el camino dentro del Tao", o el retorno al origen. Es el camino de transformación interna por el cual regresamos al estado original del ser que es el Tao, libre y en armonía con el entorno.

Regresar al Tao es volver a ti mismo, es regresar a casa, a tu propio templo, es regresar a tu verdadero ser lleno, completo. Es despertar tu espíritu interior, es verdaderamente reconocer quién eres y esto es parte de un todo. Un ser que parte de una conciencia universal y es parte intrínseca de ella.

EL CAMINO DEL TAO
(Inspirado en *The Tao*, de Priya Hemenway)

No es un camino general en el que todos los seres humanos caminan; es un camino individual. Observa cómo en cada momento se desenvuelve frente a ti, es el camino que te lleva a conocer a tu verdadero ser, en el cual puedes ver la vida desde un lugar neutral, sin tomarte las cosas de manera personal. Consiste en vivir en observación constante, manteniendo la claridad en tu mente para distinguir lo que es real en cada situación, para seguir adelante tu camino "espiritual" o del ser. La naturaleza de cada experiencia existe para el crecimiento espiritual si podemos permanecer como observadores sin caer en la tentación de emitir juicios sobre si es buena o mala. Sin reaccionar desde el drama, nos permitimos ser parte de un todo.

Hemos aprendido a fragmentar las perspectivas y volverlas pensamientos y opiniones, por lo tanto sólo vemos un fragmento de la verdad, no la verdad absoluta. No se tiene la capacidad de observar el todo, sólo nuestro "ser" lo puede hacer. Desde la paz podemos darnos cuenta de que cada vez que analizamos una experiencia ésta cambia, por lo que sólo nosotros podemos construir lo que será nuestra realidad en cada momento.

En ciertas ocasiones, el camino del Tao se puede percibir como algo difícil o rebelde, que va en contra de nuestras ideas sociales, morales, intelectuales o de los caprichos del ego; sin embargo, el Tao te pide que vivas sin resistencia. Tao es el camino de completa cooperación. Mantente en tu centro y te mantendrás en el Tao. El principio del Tao es vivir en equilibrio.

Para entender el camino del Tao imagina un río que baja con fuerza, que sigue la forma de la tierra, que se mueve entre las rocas para llegar a su fin, unirse con el mar. El camino del Tao lleva a conocerte en función de tu entorno. Si sigues el camino del Tao, serás uno con el entorno y en este encuentro verdaderamente podrás experimentar como la vida fluye a través de ti. De esta manera no sólo vivimos las experiencias sino que nos convertimos en ellas.

Los seguidores del camino no viven como "directores de la vida"; sino que se comprometen a vivir experimentándola en cada momento, la vida es "el momento", con una confianza profunda en el presente, permitiendo que la vida se desenvuelva. Cuando vivimos sin confiar, "tratando de controlar", perdemos la esencia del Tao invitando al miedo a gobernar. La confianza es una cooperación perfecta con la energía que logra que una flor manifieste toda su grandeza sin mayor esfuerzo, su inteligencia está dentro de ella y se expresa con su energía; logra todos sus propósitos, se nutre de la energía que surge de la conciencia universal. De la misma manera, esta perfecta inteligencia sana dentro de ti, respira, co-crea, siente la inteligencia en todo tu ser, no en tu mente. Esto es alinearte con el poder de inteligencia universal que está presente en nuestra vida cada momento. La confianza en la vida tiene que surgir desde lo más profundo de nuestro ser; ésta te permitirá florecer con tu mayor grandeza, sin esfuerzo, sin estrés sin que tengas que aferrarte a nada ni por miedo ni por desconfianza.

LA CONFIANZA EN EL TAO TE LLEVARÁ A TU PAZ INTERIOR

La vida es lo que es, no tiene que ser de determinada manera. La vida es un camino lleno de todo; por lo tanto, suelta el cuerpo, permite que la vida sea, inspírate con todo lo que vive en armonía y trabaja por ella; cuando las circunstancias fuera de ti sean difíciles de entender, siempre encuentra dentro de ti un lugar, el lugar que vaya de la mano de esta armonía.

1

Marcando el camino

El Tao que se puede contar
no es el Tao eterno.
El nombre que se puede nombrar
no es el nombre eterno.

Lo innombrable es lo enteramente real.
El nombrar crea el origen de lo particular en los objetos.

Libre de deseos, uno concibe el misterio.
Atrapado en los deseos, uno sólo ve las manifestaciones.

Asimismo, el misterio y la manifestación
nacen del mismo origen.
El origen se llama oscuridad.

Oscuridad dentro de oscuridad
es el camino a cualquier entendimiento.

*P*ara vivir el camino hay que experimentarlo con la mente abierta, una mente que no sabe, una mente curiosa, inocente, fluida, suave; una mente tan abierta a la experiencia que no trata de entenderla y que no tenga palabras para ella ni de juicio ni de valor.

El sabio entiende que al poner algo en palabras al vivir la vida desde la mente, necesariamente tendrá que describirla o etiquetarla, lo que limitará su verdadera esencia. La situación, la persona o el objeto perderán su magia, su luz y su espectro total.

Una vez que tratamos de definir a algo o a alguien, obstaculizamos la posibilidad de vivir en mayor expansión humana y espiritual; por eso cuando vemos hacia atrás, liberados de la mente, transcendemos un espacio de entendimiento de las cosas, las vivencias y las personas.

Si logramos salir de nuestras historias limitadas, personales y miopes acerca de nuestro pasado nos liberamos de ser víctimas de ellas. Será entonces que podremos entender que somos parte de un todo y que cada momento se manifiesta como una puntada más del tejido de nuestra experiencia de vida. Nuestro entorno nos habla de quiénes estamos siendo con cada acción y cada re- acción, el entorno es nuestro maestro, nos acerca a entender a qué le damos importancia, cómo usamos nuestro tiempo y qué carencias o fuerzas empleamos para relacionarnos. Esto nos acla- ra la idea de que entre más abierto esté nuestro ser, más opcio- nes tendremos de crear una vida que se alinee con nuestra felici- dad, la felicidad del ser, la única que existe, la que viene de nuestro interior.

El entorno es el Tao, perfecto en cada momento, sin pasado ni futuro. El Tao vive en la dimensión del ahora, en el ahora aparece la dimensión del espacio, y sólo ahí está la abundancia, la posibili- dad y la paz.

En este momento respira, observa tu vida, haz un espejo de ti: ¿Qué ves? ¿Qué resalta? La abundancia es la capacidad de obser- vación; si no la vemos, no la tenemos; entre más la apreciemos, más la atraeremos.

El Tao se manifiesta, aunque es invisible; al vivir en él, vives en un baile eterno con la conciencia universal. El Tao pide que no lo nombres, que no lo cuestiones, sino que te entregues a él despierto, confiado, maravillado.

El Tao Te Ching dice que el origen es la oscuridad; donde no hay luz no hay nada que ver, nada que saber, sólo experimentar.

Vivo. Vivo observando, vivo presente, abierta, confiada, vivo sin tener que defenderme; lo que no necesito se va; vivo confiando que lo mejor para mí estará en camino. Vivo la vida como las olas del mar: siempre traen algo, siempre se llevan algo. Reconozco que cuando pierdo gano algo, cuando alguien se va alguien viene. Sé que al forzar la vida sólo encontraré resistencia. Vivo abierta a los mensajes del Tao, vivo maravillada de la abundancia y la perfección que me regala en cada momento.

Encontrarse en lo desconocido es el camino para cualquier entendimiento. No se vive donde se cree que ya se conoce todo. Hoy quiero ser más alegre, más silenciosa, más lenta, más confiada, más contemplativa, más espontánea. Viajar con menos equipaje, alejarme del drama y de lo complicado; es un favor para mí y para los demás.

Respira profundo y no califiques de bien o mal, mejor o peor. Sé abierto, relajado y confía. Regresa a una perspectiva clara y emocionalmente válida; antes de reaccionar, visualiza qué sería eficiente vivir. Así... deja que se genere lo más feliz para todos, concluye una experiencia de bienestar general. Una pregunta importante es: ¿quieres ser feliz o quieres tener la razón? Permite a tu mente salir de la dualidad en la que el otro es ajeno de ti, no pienses que tienes que defenderte de los demás, debes entender que tus relaciones humanas operan desde ti, no pelear por la razón, abre la posibilidad de reconocer que tu ser es más que tus ideas y tus pensamientos. Esto permitirá despertar a la grandeza que limita la razón, que pertenece al ego, el que vive engendrado en tu personaje y contrapone al espíritu. El ego no quiere morir, siempre quiere tener la razón para vivir en una identidad ilusoria de posturas que siempre te llevará a la separación de otros, y por ser falsa causa dolor.

Lo dramático no sirve, todas las experiencias son lo que son, es nuestra calidad de interpretación lo que filtrará y determinará desde qué lugar nos relacionamos con ellas.

Qué poderoso es dejar ir historias, resentimientos, frustraciones, ideas y creencias; es la única manera de estar presentes, de ser vitales para seguir en la vida despiertos. Regalarnos la liberación de que los demás tengan la culpa. Al no perdonar nos castigamos a nosotros mismos. Vive el perdón como un regalo para ti, perdona todo; de esta manera te regalarás salud, y poderosa transformación. Asumamos completa responsabilidad y respondamos siendo completos e íntegros. Cuando dejo ir, aparece mi presencia poderosa para crear, para seguir en mi camino, y con esta integridad de mi ser logro presencia, no sólo en la manera de actuar sino también en elegir "en qué" deseo actuar.

Me siento cada día diferente, a veces feliz, a veces ansiosa, otras desesperada o triste; pero no me aferro a ninguna emoción. Estas emociones son nubes pasajeras que no me pertenecen. Son parte de la condición humana, las observo pero ya no las peleo y no se vuelven parte de quien soy, no me identifico con la emoción y así me doy cuenta de que lo que siento en mi vida es más claridad, más seguridad, más tranquilidad de quién soy y cómo soy. He retomado mi camino con mis prácticas diarias, soy consciente de lo que invento todos los días y también estoy consciente de hacia dónde me llevan estas prácticas (la práctica hace al maestro). Esto me hace estar despierta a la vida. Ahora quiero estar en paz físicamente, con fe, con menos dudas. Mi camino es libre, lo exterior será como tenga que ser. Se abren caminos inimaginables que me llevan a la grandiosa aventura de encontrar que cada día menos cosas me parecen importantes, mientras que algunas me parecen invaluables; entro al reto de que el camino sea al interior, al de hacer brillar la luz de mi alma. Ahí esta el camino para mí.

Gracias vida.

2
Diferencias

Cuando uno aprecia los objetos como bellos,
otros objetos de se vuelven feos.
Cuando uno aprecia algo como bueno,
otras cosas se vuelven malas.

Ser y no-ser construyen uno al otro.
Difícil y fácil, apoyan uno al otro.
Largo y corto, definen uno al otro.
Alto y bajo, dependen uno del otro.
Antes y después se anteceden uno al otro.

Por lo cual el sabio,
actúa sin hacer nada.
Enseña sin decir nada.
Eventos suceden y el sabio los deja ser;
desparecen y los deja ir.
La maestra tiene pero no posée,
actúa pero no espera.
Cuando su trabajo ha terminado, lo olvida.
Por ello perdura para siempre.

*C*uando en las personas vemos algo bello, otras cosas se vuelven feas; cuando percibimos algo bueno, otras cosas se vuelven malas. Vivir en contrastes es una ilusión de la mente creada por nuestra confusión mental. Crear contrastes genera ruido mental y deja a ambas partes sin justicia. Lo que hoy te puede parecer malo o feo, con claridad mental puede neutralizarse. Sólo veremos estos contrastes si estamos partiendo de un juicio moral, social o mental. Nuestra naturaleza como seres humanos es dulce y vive en balance con su entorno. Cuando creamos contrastes sacamos de balance al entorno, lo entendemos según creencias limitadas por nuestro intelecto, empezamos a vivir en la guerra de la aceptación o el rechazo.

Si creamos un observador generoso en nosotros, entendemos que nuestras ideas, creencias y moralidad se basan en dualidades subjetivas creadas por nuestra cultura.

Vivir en aceptación plena de lo que es, evapora los pensamientos de rechazo. Estos pensamientos nos causan estrés y nos ponen en conflicto con lo que hemos dejado fuera de la balanza, de lo que hemos clasificado con un valor positivo o negativo. Los sentimientos de abundancia despiertan la posibilidad de pobreza; así, las dualidades crean un mundo lleno de contrastes que nos aleja de la posibilidad de convertirnos en seres más amorosos con nosotros mismos y, por lo tanto, con los demás. Si queremos hacer una diferencia en el mundo en que vivimos, debemos responder desde un lugar de paz. El balance tiene que nacer desde nosotros y desde ahí enseñar con el ejemplo.

Clasifico algo como feo; respiro y encuentro algo bello. Cuando tengas prisa, trata de ir despacio, de encontrar el balance perfecto en las cosas, en las situaciones o en las personas, y así despertarás su espectro total.

En el silencio de las sombras abrimos posibilidades para generar un mayor entendimiento de lo que es real, para vivir con alternativas de acción más eficientes de lo que se requiere de cada uno nosotros.

Vivir desde esta paz nos deja experimentar el milagro de la verdad que está presente en cada momento. Damos y recibimos del mundo sin pensar en bien o mal; al vivir la vida desde nuestro origen, vivimos sin juicios y es por eso que podemos dejar a un lado la idea de clasificar lo que hacemos o lo que decimos para actuar y hablar sólo cuando la acción sea necesaria. Así, nuestras palabras y acciones se vuelven poderosas para que lo que necesitemos manifestar se lleve a cabo, sin que realmente tengamos la certeza intelectual de lo que el Tao está tejiendo para nosotros.

Debemos actuar como respuesta de nuestro ser auténtico y hablar como petición del exterior.

Tú actúas sin hacer nada.

Tú enseñas sin decir nada.

Cuando algo surge, lo dejas fluir.

Cuando algo se va, lo dejas ir.

Tienes todo, pero no posees nada.

Actúas, pero no esperas.

Cuando has terminado de trabajar, lo olvidas

todo y por eso perdura para siempre.

El día que aprendamos a vivir así, despertaremos a lo natural, a lo verdadero, fuera del miedo y la ignorancia de quienes somos, de qué somos capaces y con qué profundidad nos podemos relacionar.

Desde este entendimiento trascenderíamos la relación con otros, con el planeta, con el tiempo (pasado y futuro) y con nuestras emociones y pensamientos. Floreceríamos a conocer un mundo despierto, en paz. Nada contra qué luchar, todo en su lugar.

3

Practica no hacer y todo caerá en su lugar

Si uno sobreestima a los grandes hombres
a otros se les retira su poder.
Si uno sobrevalora posesiones,
las personas comienzan a robar.

El sabio es líder al vaciar la mente de las personas,
al llenar su fuerza interior,
al debilitar su ambición
y al fortalecer su resolución.
Ayuda a otros a perder todo lo que saben,
todo lo que desean y crea confusión
en los que piensan que saben.

*E*l practicante del Tao vive enraizado en él, sabe que nada le pertenece y por eso vive libre, y esta libertad le permite que la fuerza de la vida fluya a través de su ser. La libertad total es no creer nada, no seguir nada, cuestionar todo y seguir sólo lo que te hace sentido, lo que va en armonía contigo. No busques autoridades, no busques gurús, no busques que alguien te dé la respuesta. Vive la vida, experimenta y crea desde tu libertad. Toda la sabiduría vive en ti, confía en ella, responsabilízate de ella, apodérate de tu fuerza y desde ahí sal al mundo a relacionarte con él.

Cuando uno sobrevalora a las personas, uno se vuelve débil; cuando uno sobrevalora lo material, esto se vuelve lo primordial.

El maestro vacía su mente para dejar a un lado los deseos y la ambición intelectual, se deja llenar de la fuerza de su ser. Esta fuerza es la que se alinea con el Tao, es la fuerza en la que cada acción tiene una razón poderosa de ser, es la fuerza sin esfuerzo que crea las manifestaciones de la naturaleza. Las personas nos confundimos cuando creemos que sabemos, cuando controlamos y dirigimos la voluntad universal. Lo único que sabemos es lo que otros nos han dicho y hemos decidido tomar como verdad.

Vivamos sin forzarnos, sin ser nosotros mismos los estorbos en el camino de nuestra experiencia de vida, esto permite que la vida te tome y se exprese a través de ti. Entonces manifestarás en tu vida lo que nunca pensaste: co-crear con el Tao logra que la vida se manifieste con toda su grandeza, que la vida se vuelva rica y tus experiencias poderosas, como tu mente nunca lo hubiera logrado planear.

No hay nada que perder porque en realidad nada te pertenece, lo que tienes es para un fin mayor; lo que se va, se va por un plan mayor.

No crear ni diseñar y construir nuestras vidas de la mano del Tao nos afecta cuando vivimos identificados con el ego, víctimas de una irrealidad, que como una gran disfunción mental pensamos que "somos", y creamos un limitado personaje con nombre y características terrenales, reactivo, solitario, miedoso, con problemas materiales, con una perspectiva encapsulada de lo que es verdadero, y así vivimos distrayéndonos con actividades que se esfuman y que no nos dan plenitud. Atraemos dilemas complicados a nuestra vida pensando que somos víctimas de estas circunstancias o situaciones, o bien que somos ellas. No nos damos la oportunidad de escucharnos y rendirnos a nuestro gran gozo interior. Todos necesitamos un acercamiento con el alma, una conexión real, una aceptación incondicional de nuestro ser y del exterior. Aceptar quiénes somos realmente, dejando a un lado la idea de nuestra caracterización, porque la idea de que somos una persona definida y vivir identificados con esa personalidad crea barreras, las cuales nos hacen individualistas en una competencia sin fin con otros sin darnos cuenta de que la competencia es sólo con nuestras propias carencias. Caminamos por la vida a codazos, sin poder encontrar una conexión profunda con los demás.

Pongo mi hoja de vida hoy en blanco, practico sólo hacer lo que sea auténtico para mí y observo cómo se construye la vida a cada momento.

> Al soltar la ambición
> fortaleces tu resolución.
> Todo deseo crea confusión
> cuando pensamos que ya sabemos.
> Practica no hacer nada y todo caerá en su lugar.

Cuando no hago nada, siempre tengo qué hacer; no lo que mi mente ha decidido hacer, no la orden que me ha dado mi ego, no una acción que nace del miedo, de la necesidad del deber hacer. Pongo mi mente en blanco y espero que surja la voz de mi interior,

No bloqueo la experiencia con metas, planes e ideas rigurosas de mi mente que sólo bloquearían la abundancia de vivir en total armonía y gratitud de haber vivido lo que era para mí, el regalo que la vida tenía para mí ese día…

escucho a mi intuición que me dice lo que sigue para mí. ¿Cómo sé distinguir la voz de mi ser de la voz de mi mente? Evalúo y me doy cuenta de que cuando viene de mi ser, la acción o la palabra siempre va de la mano de mi bien personal, pero también del bien común.

No hago nada y lo que tengo que hacer aparece, la persona con quien tenía que reunirme llega, la conversación que tenía que tener, la experiencia con el mundo que tenía que vivir, la enseña-za, el extraño que ese día iba a conocer, las páginas del libro que me llegaron para leer. No hago nada y todo lo que tengo que hacer pasa sin esfuerzo. No bloqueo la experiencia con metas, planes e ideas rigurosas de mi mente que sólo bloquearían la abundancia de vivir en total armonía y gratitud de haber vivido lo que era para mí, el regalo que la vida tenía para mí ese día... este día. Ese día, esta vida.

4

Cuando enseñamos

La cosa más suave del mundo
se impone sobre la cosa más dura.
Lo que no tiene sustancia
entra en donde no hay lugar.
Esto muestra el valor de la no-acción.

Enseña sin palabras.
Actúa sin acciones.
Ésta es la manera del maestro.

*S*i todo tiene igual valor, el deseo se desvanece y aparece la paz. Si logras el balance espiritual, mental y físico, la paz vivirá en ti y a tu alrededor. Entiende el origen de tus deseos y trata de dejarlos ir. Cuando el deseo te posee, el aprecio por lo que tienes desaparece. Este aprecio es lo que te mantiene en abundancia.

El valor que les das a las personas que están a tu alrededor crecerá siempre que vivas de la mano del Tao.

No te detienes, no te contienes en nada, das libremente. Una persona en silencio del ser es libre y generosa.

Las personas son fragmentos de personalidades que están en mí. Cuando reconozco esto me integro como ser humano.

Enseña a otros desde el silencio de tu ser y desde el corazón. Permite que tus acciones o no acciones hablen de quien eres; lo que llevas dentro, es lo que es valioso para compartir con otros; sólo lo que es tu esencia se puede compartir.

Tú no hablas, actúas.
Actúas sin acción.
Ésta es la manera de enseñar.

Si no confías en las personas, tú haces de las personas y el mundo algo de lo cual desconfiar.

CON OTROS

Permite que el silencio de tus ideas sea tan profundo que generes un espacio para los demás en el que puedan reflejarse en ti. Enseña con tu presencia, sin ideas, sin juicios, permite ser para el otro un lugar seguro que lo sostenga bajo tu luz; crea un espacio seguro en el que puedan expresarse y vivir relajados, plenos y complementados por tu mirada y tu ser como tu mejor regalo.

El juicio que hacemos de los demás los fragmenta; cuando estamos frente a ellos los observamos devaluados por la historia que hemos inventado sobre ellos. Caracterizamos a las personas y determinamos quiénes son para que puedan pertenecer a nuestras historias, pensamientos y opiniones.

Los seres humanos por lo general creemos que nuestra manera de ver a los demás, nuestros juicios y manera de pensar son los correctos y así actuamos. Ésta es la mayor causa de guerras y violencia porque justificamos lo que pensamos y le damos un peso de tal magnitud que actuamos pensando, equivocadamente, que tenemos que corregir a los demás. Hay que aprender a cuestionarnos sobre lo que pensamos de los demás. Aprender a vivir en humildad con nuestras ideas es el único camino para verdaderamente vivir en esta tierra. Es más importante aprender a relacionarme, dejar de atacar, justificarme y aislarme. Al lograr tener unidad con otros seres humanos, al aprender a vivir con otras formas de pensar y dejar a un lado la voz que me separa del resto del mundo y, sobre todo, de las personas que me cuestan más trabajo, ahí está el aprendizaje y mi evolución. Fuera de mis ideas encuentro claridad. Al ponerme en contacto con esta claridad genero la posibilidad de amor incondicional.

Vive libre de historias que crees sobre los demás, permite que cada encuentro sea libre del pasado y del futuro. Regala a cada persona un espacio fresco en el que pueda sentirse completa a tu lado.

Si enseñas a otros desde este lugar, te darás el descanso de no tener que saber más que los demás, no tendrás que ser más que los demás porque es más importante cómo los demás están frente a ti y cómo los haces sentir.

QUÉ ES LA GENTE PARA MÍ...

Las personas son parte de lo que soy. Disfruto de estar con personas a mi alrededor, sentir que comparto la vida, las vivencias, las formas de ser. Hoy estoy más abierta a ellas, lo cual ha significado todo un aprendizaje: no clasificar, no pretender, sólo relacionarme con lo que esté presente, incluso si esto es sólo una actitud. Las personas son diferentes para mí en distintas circunstancias, no para bien o para mal; hoy me doy cuenta de que las circunstancias moldean a las personas, respondemos de la manera que creemos más adecuada con lo que en ese momento podemos entender.

Mi ejercicio es establecer curiosidad y entablar una conversación con quien menos hubiera pensado, platicar, abrir mi mundo, ser más compasiva y tomar a las personas por almas y no por su apariencia.

Me mantengo abierta a la gente, a su luz, para reír y disfrutar; no me meto en mi pensamiento ni en el de la otra persona.

Las personas son fragmentos de personalidades que están en mí. Cuando reconozco esto me integro como ser humano.

5

El Tao es la fuerza y el origen

Existía algo sin forma, perfecto.
Antes de que el universo naciera.
Es sereno. Vacío.
Solitario. Permanente.
Infinito. Eternamente presente.
Es la madre del universo.
Por falta de un mejor nombre,
lo llamo el Tao.
Fluye por todas las cosas,
por dentro y por fuera, regresa
al origen de todo.
El Tao es magnífico.
El universo es magnífico.
La tierra es magnífica.
El hombre es magnífico.
Existen cuatro grandes poderes.

El hombre sigue a la tierra.
La tierra sigue al universo.
El universo sigue al Tao.
El Tao se sigue a sí mismo.

*L*a armonía nace del Tao, de la nada nace todo, de la nada surge la esencia de la flor; el Tao siempre está creando, la creatividad del Tao es magnífica, la podemos observar todos los días si nos damos el regalo de la contemplación. En la observación de la naturaleza reconocemos en ella el orden, el bienestar, la vida, el espíritu, la inteligencia, la realización sin acción. El Tao está lejos, pero también cerca. El Tao está fuera, pero también dentro.

La simplicidad vive en el Tao y se dice de él que no tiene intereses propios. El Tao deja que todo suceda y no tiene deseos propios.

El Tao es sereno, vacío.

Solitario. Infinito.

Eternamente presente.

Es la madre del universo.

Por la falta de un mejor nombre, se le llamó el Tao.

Hay un mensaje del Tao para ti en cada experiencia que vives; te vuelve consciente de tus vivencias y te hace reflexionarlas para entender qué aprendiste de lo vivido y por qué tuvo que ser para ti; cambia la perspectiva de ser una víctima de una situación, por la de ser partícipe de una lección.

Estamos exactamente en donde estamos, con las personas que nos rodean, viviendo las experiencias diarias por una razón poderosa; cada experiencia que vivimos trae iluminación y transformación. Si te niegas a aprender de tus experiencias el Tao te manda recordatorios para que mires en la dirección de tu camino. Siempre pregúntate qué está tratando de enseñarte esta experiencia acerca de ti; es interesante lo que aprendemos de esta manera de reflexionar sobre nuestras vivencias. El Tao te susurra con mensajes para que sigas tu recorrido, tu crecimiento. Cuando nos negamos a escuchar estos mensajes o estamos tan ocupados viviendo en nuestra mente, no estamos atentos a estos susurros y cada vez se vuelven más fuertes hasta que se genera una crisis. Nos corresponde estar presentes, atentos a estos avisos, generar curiosidad y oportunidades, así la vida brinda por siempre infinitas posibilidades y nuestra vida permanece suave y espontánea.

Hay un mensaje del Tao para ti en cada experiencia que vives; te vuelve consciente de tus vivencias y te hace reflexionarlas para entender qué aprendiste de lo vivido.

Déjate ir al Tao, saca lo mejor de ti, tus virtudes como guerrero, tu lealtad, tu fe, tu fuerza, tu determinación, tu visión del futuro, tu honestidad.

Llénate de amor todos los días, déjate llevar por lo que te traiga el Tao, envuélvete de él. Aprende de tus experiencias y mantente fuerte y triunfador; el triunfo es vivir en paz. Mantén tu camino libre, poderoso y digno.

6

Con la mente abierta

Un buen viajero no tiene planes fijos
su interés no es llegar.
Un buen artista que permite que su intuición
lo guié por donde tenga que ir.
Un buen científico se ha liberado de conceptos fijos,
mantiene su mente abierta a lo que en ese momento es.

La maestra vive accesible a todas las personas
no rechaza a nadie.
Está atenta para usar cualquier situación
no desperdicia nada.
Esto se llama vivir en la luz.

¿Qué es un hombre bueno, sino el maestro de
un hombre malo?
¿Qué es un hombre malo, sino el trabajo de
un hombre bueno?
Si no entiendes esto, te perderás.
No importa lo inteligente que seas.
Esto es el gran secreto.

*L*as opiniones, las críticas y los prejuicios son destructivos para uno mismo, y éstos tienen que ver con lo que uno juzga de sí mismo; no tienen nada que ver con lo que es natural en nosotros. Las relaciones humanas desde nuestra esencia son claras y desapegadas del ego, cuando se vuelven críticas, conflictivas y destructivas parten de nuestra personalidad porque es en ellas que estamos tratando de saciar algo para nosotros. Cuando nos relacionamos así, herimos y destruimos porque nos alejamos de las personas, las caracterizamos, y reaccionamos con las partes más pobres de cada uno de nosotros, ya que estamos operando a partir de una ilusión creada por nuestra mente que limita lo que es verdadero y real del otro.

Las opiniones rígidas no van con el Tao, con lo natural; le dan sustancia a nuestra negatividad al tomar posturas, sin darnos cuenta nos volvemos ciegos y a quien menos hacemos justicia es a nosotros mismos.

Los sabios ven las cosas claramente.

No mantienen opiniones ni culpan a nadie.

Saben el valor que tiene vivir en el silencio.

La naturaleza es imparcial, el sol brilla para todas las personas. La naturaleza no le da un valor especial a nadie.

El Tao es vacío y no discrimina.

El Tao sabe cómo abandonarse de sí mismo para crear con total energía.

El Tao se expande; mientras más energía irradia, más energía tiene; lo más valioso del vacío es el silencio y la paz, que dan origen al Tao.

Tú estás abierto a todas las personas,

nunca rechazas a nadie.

Estás listo para usar cualquier situación,

no desperdicias nada.

Esto es vivir en la luz.

¿Qué es un hombre bueno sino un maestro

de una persona mala?

¿Qué es un hombre malo sino el trabajo

de una persona buena?

Si no entiendes esto, te vas a perder, sin importar qué tan inteligente seas.

Éste es el gran secreto. Tienes que crear el balance; poner energía en lo que se alinea con la verdad para que lo contrario pierda peso.

Creer que lo que yo pienso es lo mejor para los demás o actuar como si los demás fueran similares a mí, es una práctica común que hay que hacer consciente y descartar. Pensar que yo tengo las respuestas para los demás deja fuera la posibilidad de entender su vida y su potencial. Cuando veo a las personas "desde mi opinión" hago conclusiones, descarto posibilidades; cuando tengo prejuicios, me doy cuenta de que éstos tienen más que ver conmigo.

Sé que debo estar más abierta a la gente, a la vida, y no categorizar ni limitar; dejar ser por mi bien, por tu bien.

Cuando trabajo con alguien como *coach* me gusta sentir que se le ha revelado algo nuevo, algo que dé sentido a su camino; es como quitarle capas al ser para que esté ligero, abierto y en paz; siempre sabiendo que las almas ya están enteras y llenas, sólo hay que dejarlas salir.

CUANDO ESCUCHO...

Escucho para ser parte del otro, escucho sin reaccionar, escucho para aprender de ti. Escucho para conocer de ti. Escucho también con el fin de conocerme a mí.

Escucho en una forma no juiciosa o crítica y repito lo que escuché sin poner ideas, juicios o sugerencias. Las personas deben sentirse genuinamente escuchadas. Hay que escuchar a los sentimientos que están detrás de las palabras, sin que mis sentimientos interfieran.

Las opiniones rígidas no van con el Tao, con lo natural;
le dan sustancia a nuestra negatividad al tomar posturas,
sin darnos cuenta nos volvemos ciegos y a quien menos
hacemos justicia es a nosotros mismos.

CUANDO ESCUCHES

- Pon atención, acepta lo que se te está comunicando.
- Da gracias de que alguien se quiera comunicar contigo.
- Respeta lo que dice la persona (para no tener una conversación de acuerdo con tu interpretación).
- Nombra un sentimiento (que la persona esté sintiendo de lo que te está expresando, para saber cuál es su estado emocional).
- Si no se te pide, no des ideas, consejos ni expreses prejuicios; el simple hecho de escuchar sana a la persona (no importa que no estés de acuerdo, no se trata de ti).

Tengo mucho que aprender del escuchar sin juzgar y, sobre todo, de juzgarme a mí, sólo escuchar. Valido que la gente se quiera abrir conmigo. Nombro un sentimiento para sostener al otro, no sólo con sus palabras sino también con sus emociones. Aprecia que las personas quieran compartir contigo.

Si no logras que las personas se puedan sentir escuchadas por ti, es por tu ego, porque interpretas a tu manera, tus ideas se meten en el camino dándole validez a tu manera de ver las cosas. Debes dejarte salir de ti, vaciar tu ser para contener al otro y que realmente se pueda comunicar.

¿Podrás sólo escuchar?
Trata de hacerlo estos días, trata hoy...

7

El origen de todo

Al inicio fue el Tao.
Todo surge de él,
todos regresamos a él.
Para encontrar el origen
remóntate hasta sus manifestaciones.
Al querer entender a un niño
reconoce a su madre,
entonces estarás libre de sufrimiento.
Si cierras tu mente con juicios
y la contaminas de deseos
tu corazón estará perturbado.
Si mantienes tu mente fuera de juicios
y no te dejas llevar por tus sentidos
tu corazón vivirá en paz.
Poder ver la oscuridad te da claridad.
Saber ceder el paso te da fuerza.
Usa tu propia luz y regresarás
al origen de la luz.
Esto es practicar lo eterno.

𝒯u ser, en esencia, ha existido desde el comienzo del tiempo. Cuando logramos hacer contacto con esta esencia, estamos en contacto con lo que Lao-Tzu llama madre interna.

La madre interna del Tao es eterna, es el proceso cooperativo en el que todo se crea y en el que todo está cuidado.

Observa a tu alrededor la presencia de cómo se origina todo y date cuenta de que eres parte de ese todo. Siempre has sido parte de él siendo un microcosmos del todo. Ahora debemos empezar por ser parte de la santidad de la expresión humana que nos ha tocado experimentar.

Estamos evolucionando como especie a un lugar de mayor conciencia, estamos en un momento en el que debemos entender que nuestro existir va más allá de mi individualidad, de mis caprichos, mis dramas, mis problemas, mi pasado, mi futuro, mi, mi, mi. Somos parte de un todo, comencemos por tomar total responsabilidad por cómo nos identificamos con lo que pensamos, cuáles son nuestras guerras internas, cómo nos relacionamos, a qué le damos importancia, qué dilemas hacemos nuestros y qué dramas atraemos para nuestro entretenimiento, los cuales sólo nos sacan de nuestro poder de creación y de conexión con lo sagrado de cada momento.

8
Fuerza

Los que saben no hablan.
Los que hablan no saben.

Cierra tu boca,
contrae tus sentidos,
suaviza tu agudeza,
deshaz tus nudos,
suaviza tu mirada,
asienta tu polvo.
Ésta es la identidad primaria.

Sé como el Tao.
No se le puede acercar pero tampoco se le puede dejar.
No se le puede beneficiar o dañar,
honrar ni demeritar.
Se rinde continuamente,
por esto perdura para siempre.

*L*a vida es espiritual y al mismo tiempo material. Debes estar atento a las dos: el balance vive de apreciar cómo lo material se hace presente en lo espiritual y viceversa. La vida sigue, está caminando; nacimiento y muerte están siempre presentes. Se trata de vivir en armonía con lo que se va y con lo que llega. El maestro se mantiene presente en el baile de vivir cada momento. Él está siempre satisfecho y esta satisfacción es eterna.

Su fuerza vive porque no se puede ver, nace de la fuerza sutil y eterna, es la fuerza sin esfuerzo, la fuerza del amor, la fuerza del dejar ir, la fuerza del arte de vivir.

La vida sigue, está caminando; nacimiento y muerte están siempre presentes. Se trata de vivir en armonía con lo que se va y con lo que llega.

LA FUERZA QUE ME ATRAE...

Me atrae la sabiduría de las personas que se apasionan con lo que viven.

Me atrae el arte, la joyería, el yoga, la familia, pasar un buen rato, viajar, el cine, tener amigas con quien platicar; me atraen diferentes culturas, me atrae la gente, la comida, me atrae la paz, aprender y desaprender. Me atrae una buena filosofía de vida.

Me atrae la fuerza que da... estar en paz.

¿A ti qué te atrae? ¿Qué te da fuerza?

¿Qué me distrae de mi fuerza? El miedo, la hipocresía, la falsedad, el interés propio, la injusticia, el mal humor, la intolerancia, el juicio. No cumplir promesas, que la vida como la conozco se termine, la falsedad, no disfrutar del presente plenamente, no quererme más, no quererte más. Respiro y neutralizo lo que me quita la paz... ¿Y a ti qué te distrae, cómo lo neutralizas?

9
Virtud

Si quieres vivir completo,
Permítete ser parcial.
Si quieres ser recto,
debes poder doblarte.
Si quieres vivir lleno,
debes poder vaciarte.
Si quieres poder renacer, debes dejarte morir.
Si quieres tener todo,
debes poder dejar todo ir.
El sabio, por vivir en el Tao,
pone un ejemplo para todos lo seres;
porque no presume, otros pueden ver su luz.
Porque no tiene nada que probar,
otros pueden confiar en sus palabras.
Porque no define quién es,
otros pueden verse reflejados en él.
Porque su mente vive fuera de las metas
todo lo que hace es un éxito.
Cuando los sabios ancestrales decían:
si quieres tener todo, debes poder dejar ir todo.
No lo decían como un decir.
Sólo dejándote vivir por el Tao,
podrás ser tú mismo.

*L*a virtud del Te (vivir en armonía) nunca se relaciona con algo moral o social. ¿Qué es la vida espiritual sino despertar a una conexión con nuestra verdadera esencia, la que vive en armonía con la inteligencia universal? ¿Qué tiene esto que ver con lo moral o con una creencia social establecida intelectualmente?

El espíritu vive de virtudes que se vuelven formas de ser y, por lo tanto, se vuelven maneras de vivir. Trasladamos estas virtudes a

Cuando despertamos a quien verdaderamente somos permitimos que lo etéreo tome la forma de nuestro ser en el plano físico, para manifestar la vida a través de algo más grande que nosotros como seres individuales.

nuestro cuerpo, mente, emociones y personalidad. Cuando despertamos a quien verdaderamente somos permitimos que lo etéreo tome la forma de nuestro ser en el plano físico, para manifestar la vida a través de algo más grande que nosotros como seres individuales. Cuando observamos dentro de nosotros, observamos ahí el mundo que hemos creado fuera.

Si nuestro ser está débil, también lo está la percepción de la realidad.

El Te consiste en ser esencia espiritual; lejos de la competencia, de los roles y de la vanidad. Ahí estamos verdaderamente abiertos a amar y a ser amados. Cuando por fin estamos en silencio podemos escuchar los susurros del viento y nuestras suaves voces que nos guían y nos inspiran para vivir en paz.

Si creemos que nuestra mente tiene que participar en escoger algo tan sólo por seguir un patrón de ser y creemos que debemos tomar una decisión o escoger un camino, esto nos hace perder la capacidad de ver la vida en este momento. Dejamos de tener la capacidad de observar la belleza y la abundancia que están presentes y la razón de ser de esta situación o persona.

Virtud de ser sin tener que escoger, controlar ni saber nada; es la calidad de ser, sin vivir en conflicto con uno mismo y con el exterior.

Te siempre se adapta, también nosotros; Te cambia, también nosotros. Te es lo que somos.

10
Abundancia

Fama o integridad, ¿cuál es más importante?
Dinero o felicidad, ¿cuál vale más?
Éxito o fracaso, ¿cuál es más destructivo?
Si buscas en otros tu satisfacción,
nunca estarás satisfecho.
Si tu felicidad depende del dinero,
nunca serás feliz contigo mismo.

Vive feliz con lo que tienes;
regocíjate de las cosas como están.
Cuando puedes darte cuenta de que no te hace falta nada
el mundo entero te pertenece.

*L*ao-Tzu pide que observemos con detenimiento lo que valoramos. Puede referirse a cosas materiales o a nuestras aspiraciones o creencias. En cualquier caso, la pregunta es:¿cuál es el sentido de poseer desde el ego lo que no necesitamos?

Contempla lo que sostendrás en tus manos cuando mueras y sabrás lo que realmente vale. Cuando estamos vivos, deseamos; cuando morimos, sólo dejamos ir. En el camino de la vida debemos encontrar un balance reconociendo lo que es suficiente.

La sabiduría está en encontrar la armonía perfecta entre la satisfacción y la no satisfacción, entre el deseo y la necesidad, entre lo que sirve y lo que nos distrae para disfrutar la vida que vivimos.

Si buscas en otros tu satisfacción, nunca vivirás
enteramente satisfecho.
Si tu felicidad depende del dinero, nunca serás feliz

contigo mismo.

Sé feliz con lo que tienes.

Disfruta las cosas tal y como están.

Cuando te des cuenta de que no te hace falta nada,

todo el mundo te pertenece.

Vive en completo desapego, la abundancia surge del corazón, del que no pretende nada. Nace de ese espacio vacío y claro de total apertura y aceptación.

Dar por recibir no es dar; dar sin autenticidad es ridículo.

El verdadero dar nace de caer en cuenta de que todo te sobra: tiempo, amor, comida, bienes, salud, energía, buen humor, agradecimiento. Porque no puedes contener tu abundancia y tu esencia, lo natural es compartirla. Si damos por otra razón, es mejor contenernos y no dar. El arte es dar sin esfuerzo, sin reconocimiento, sin querer generar poder o dominio. Da a manos llenas y conocerás lo que es ser rico. Si das desde un lugar de verdadera abundancia, si sabes conectarte con ese lugar de ti en donde la abundancia siempre está presente, nunca terminará. Entonces entenderás de dónde surge la riqueza y por qué una vez que se da no se puede dejar

El verdadero dar nace de caer en cuenta de que todo te sobra: tiempo, amor, comida, bienes, salud, energía, buen humor, agradecimiento...

de dar. La abundancia nace de nosotros y sólo se refleja en la manera en que vivimos. La abundancia no está afuera, está dentro, y si no la podemos ver ahí nunca la vamos a poder ver fuera. La abundancia no se busca en el mundo, está en ti y vivir en ella es reconocerla en cada momento.

11

El uso del no ser, vivir en el vacío

Unimos ejes para crear una rueda
pero es el hoyo del centro
lo que la hace girar.

Moldeamos barro para formar una
taza, pero es el vacío del interior
lo que le da su utilidad.

Preparamos la madera para construir una casa,
pero es el espacio interior lo que
la hace funcional.

Trabajamos en ser,
pero no-ser es lo que usamos.

*H*ay que darnos cuenta del valor del vacío. Al reconocer que el vacío es una parte integral de la vida, vivimos alineados con el Tao. Cuando observamos nuestro alrededor, vemos el uso práctico del vacío, porque crea espacios de paz, creatividad y espontaneidad.

El vacío vive en el centro de nuestro cuerpo, es nuestro cuerpo el que sostiene el vacío. Es en este vacío donde todo se crea. Nuestros sentidos son las puertas y ventanas del vacío que es nuestro cuerpo, éste nos conecta con todo el gozo, la belleza, los olores y los sabores de la vida que nos envuelven.

Vive en el vacío. El secreto de tu ser radica en hacer uso de él.

Mi agenda está llena de huecos: las citas son de gran importancia para mí y todavía no sé de qué se tratan, con quién ni a qué hora son, no se qué vendrá para mí y, sin embargo, en vez de estar atenta, alerta y controlar mi destino, me doy cuenta de que esta flexibilidad es lo que me mantiene viva, fuera de pretender que sé lo que es mejor para mí, fuera de pretender que de alguna manera,

❧❧

*La vida es un círculo y continuamente
estamos en el mismo lugar; cuando me doy cuenta de esto,
descanso, respiro y cada vez que estoy ahí lo observo con nuevos
ojos y determino si esta vez estoy un poco más despierta
para disfrutar un poco más, para estar atenta
a tus susurros y también a los míos.*

❧❧

desde mi mente, voy a descifrar mi vida y voy a planear todo lo que va a suceder en ella. Todo lo que la vida tenía preparado para mí se quedó esperando a que yo saliera de mi encierro, de mi prisa. Comprometemos nuestra vida, la llenamos de actividades para ser más, para ganar más, para dar más resultados.

Abro mi agenda a ti, a la libertad, a vivir el presente, a dedicar mi vida, mi presencia y mi tiempo a lo que me mantenga en mi baile, en un balie pausado, romántico, tranquilo, apasionado, creativo, intenso, profundo.

Mi vida se teje y yo estoy presente. Todo lo que necesito ya lo tengo... ¿A dónde voy? A recorrer caminos insólitos, llenos de revelaciones y de momentos sin sentido que llenan y emborrachan mis sentidos. Voy a vivir la vida que es para mí, no la que diseñe mi intelecto, sino la que vive mi corazón. Vivo entregada a lo que el Tao traiga, a lo que el Tao tenga para mí, a lo que haga sentido para mí. La vida no es lineal, no hay a dónde llegar, no hay qué conquistar, no hay metas, no hay a dónde correr. La vida es un círculo y continuamente estamos en el mismo lugar; cuando me doy cuenta de esto, descanso, respiro y cada vez que estoy ahí lo observo con nuevos ojos y determino si esta vez estoy un poco más despierta para disfrutar un poco más, para estar atenta a tus susurros y también a los míos.

Al bailar con el Tao lo tengo todo, mi vida esta llena, la abundancia está presente, la claridad de mi camino es el paso que voy a dar ahora y en cómo lo voy a dar.

12
Proveyendo al alma

Cada ser del universo
es una expresión del Tao,
salta a la existencia
inconsciente, perfecto, libre,
toma un cuerpo físico,
permite que las circunstancias lo completen.
Por esto es que cada ser
honra espontáneamente al Tao.

El Tao da a luz a todos los seres,
los nutre, los mantiene,
los cuida, los conforta, los protege,
los lleva de regreso al Tao,
crea sin poseer,
actúa sin esperar,
guía sin interferir.
Por esto el amor del Tao
vive en la naturaleza misma de las cosas.

*E*s a través de nuestras experiencias como experimentamos el mundo. A través de ellas disfrutamos y aprendemos, y a través de su uso encontramos el camino. Nuestros sentidos son delicadas herramientas y abusar de ellas las vuelve difíciles de usar. Sabemos que el abuso nos daña; entre el uso y el abuso hay una fina línea que debemos aprender a distinguir a través de la experiencia.

Lao-Tzu sugiere que tomemos cuidado de nosotros al entender lo que es importante para cada uno.

Los sentidos no tienen uso para las personas infelices; si tu alma no está feliz y sana, los sentidos no pueden darte esta felicidad. Cuida tu alma y permite que tus sentidos experimenten la vida y la proyecten.

Hoy observa algo que vayas a hacer, alguna rutina común, vive presente en el vacío y en tus sentidos, regálate la experiencia lenta, pausada, cantada. Siente tus manos, tu respiración, tu sentir, despierta a ti, al baile, a la magia. En el tráfico, lavando trastes, bañando a un niño, encuentra lo sagrado en lo común. Ve la calidad de quien eres en cada momento, sin que el momento exterior determine la felicidad de tu ser.

13
Previniendo las caídas

Lo que está enraizado es fácil de nutrir.
Lo que es reciente es fácil de corregir.
Lo que esta rígido es fácil de romper.
Lo que es pequeño es fácil de dispersar.
Previene los problemas antes de que surjan.
Pon las cosas en orden antes de que existan.
El gran árbol de pino
nace de una pequeña semilla.
Un recorrido de mil millas
comienza por debajo de tus pies.
Corre a tomar acción y fracasarás.
Trata de aferrarte a algo y lo perderás.
Forzar el final de un proyecto,
arruinaría lo que pronto maduraría.
Por lo tanto el sabio toma acción
al permitir que las cosas tomen su curso.
Él permanece tranquilo al final y al comienzo.
No tiene nada, por lo que no tiene nada que perder.
Lo que desea es vivir libre de deseos;
lo que aprende es a desaprender.
Simplemente recuerda a los demás como
siempre han sido.
No tiene otro interés más que el Tao,
sabe que él puede cuidar de todo.

*E*l miedo es quizá uno de nuestros peores enemigos. El miedo es ignorancia; la ignorancia de no reconocer la naturaleza verdadera de la realidad.

Sé atento, sé observador; hay maneras de transformar el miedo y no hay peor miedo que el temor al miedo. El miedo nos hace dejar de ser quienes somos y nos hace actuar con las áreas de nosotros que son más pobres. El miedo nos hace carentes y nos aleja de la luz que siempre nos acompaña.

Hay que quitarnos el miedo a lo desconocido, a querer saber desde la mente, a tratar de entender; hay que soltarnos para lograr la liberación y permitir que la vida suceda. Cuando dejamos a un lado los miedos, vivimos con una aceptación total de lo que es y tenemos la sabiduría del momento presente, en el que las cosas son como son, en ese instante, y no ponernos a luchar contra ellas desde un lugar que crea guerras internas en nosotros, lo cual nos desintegra y nos retira la fuerza para crear maneras de actuar que pueden ser más alineadas para balancear lo que queremos crear.

El miedo nunca será obstáculo para un observador poderoso. El miedo nunca obstruirá al sabio de vivir una experiencia de vida y lograr, a través de ella, la transformación.

No existen caídas, no existe miedo si no se crea una expectativa, si no tenemos una idea determinada de cómo deben ser o verse las situaciones y las personas, si estamos en paz con el resultado, cualquiera que éste sea, confiando en que tenemos la claridad y la fuerza. Si el entendimiento de algo que vivimos no llega intelectualmente, debemos tomar la responsabilidad de dejar ir; al dejar ir, el miedo se desvanece y esto nos permite enfocarnos en lo que ahora está presente para nosotros. Ello nos permite actuar de maneras amorosas que logren nuestro gran propósito.

Deja ir todo. Tu ego crea los miedos; tu espíritu siempre conoce el camino porque para él las metas están en cada momento, y cada momento ya es un éxito.

Escribir sobre esto me recuerda mucho la vida de Gandhi: usó su vida de una manera incondicional. Su propósito fue tan magno que las posibilidades de lo que creó siempre fueron abriéndose

El miedo nunca será obstáculo para un observador poderoso. El miedo nunca obstruirá al sabio de vivir una experiencia de vida y lograr, a través de ella, la transformación.

con la fuerza de la verdad y el amor; su propósito era más grande que él y sabía que estaba alineado con las fuerzas más poderosas del universo.

¡Qué gran ejemplo de ser, qué enaltecedor su poder de vida, su dignidad, su autenticidad, su visión de lo que fue posible, la afinidad que logró en millones de personas uniendo sus almas desde su lado más poderoso de luz!

Vive un Gandhi en cada uno de nosotros. Mis preguntas son: ¿En qué áreas de mi vida me dejo mentir? ¿En qué áreas no soy auténtica, en qué áreas no respeto la luz de los demás? ¡Qué poderosa la vida de Gandhi, qué poderoso trascender así como ser humano!

14
Apreciando el misterio

Mira y no podrás verlo.
Escucha y no podrás oírlo.
Alcánzalo y no podrás tocarlo.
Arriba, no es claro.
Abajo, no es oscuro.
Liso, innombrable,
 regresa al ámbito de la nada.
La forma que incluye a todas las formas,
imagen sin imagen.
Sutil, más allá de toda concepción.

Acércate a él y no hay comienzo;
síguelo y no hay fin.
No puedes conocerlo, pero puedes serlo,
en paz con tu propia vida.
Sólo comprende de dónde vienes: ésta es la
esencia de la sabiduría.

*P*ara conocer lo que es el Tao hay que vivirlo. No se puede ver, no se puede oír, no se puede tocar.

El Tao no tiene mayor motivo; viene de lo innombrable, de lo desconocido; el Tao nos desconcierta porque no se puede poner en palabras, lo sentimos pero, ¿cómo podemos reconocerlo?

El camino para entender al Tao es el desenvolvimiento del misterio; no hay manera de estar más cerca del Tao que estando presente en donde estás... Ése es el paso más importante: rendirte ante este misterio.

Rendirte al misterio de como las cosas están en este momento, de tus habilidades, de permitir que los opuestos florezcan para que las cosas evolucionen dentro de su propio misterio.

15
Sabiduría

Los sabios ancestrales eran profundos y sutiles.
Su sabiduría era infinita.
No hay palabras para describirla;
sólo podemos describir su apariencia.

Eran cuidadosos;
como el que cruza un río cubierto de hielo.
Alertas como un guerrero en territorio ajeno.
Corteses como un invitado.
Fluidos como el hielo que se derrite.
Moldeables como un bloque de madera.
Receptivos como un valle.
Claros como el agua.

¿Tendrás la paciencia de esperar
hasta que el lodo se asiente y el agua se vuelva clara?
¿Podrás estar quieto
hasta que la acción correcta surja por sí sola?
El maestro no busca realización,
no busca, no espera.
Está presente, y le da la bienvenida a todo.

*E*nvejecer con gracia y sabiduría no tiene que ver con la edad sino con la práctica de contemplar despierto y reflexivo. La edad te enseña a ceder el paso, te enseña que el camino es volver a la inocencia de un niño.

Se vive en el Tao como cuando se cruza un río, poniendo toda tu atención a cada momento, estando presente en cada paso en el agua, en la temperatura, en cómo se adapta tu cuerpo, en estar presente a la experiencia, a los sentidos, a la armonía total de tu enlace sensorial con la naturaleza... Cierro los ojos y me doy cuenta de lo viva que estoy, de lo libre que está mi mente al no querer entender o explicar este momento.

Sé atento a todo, observa la vida como si nunca la hubieras vivido antes. Cada momento es nuevo, cada momento es único, en cada momento vive una experiencia desconocida.

Los sabios han aprendido a ceder el paso, a observar lo que sucede a su alrededor. Los sabios han aprendido a ser vulnerables y útiles, a ser seres de servicio. Los que entienden el Tao viven sabios y cerca de la gente; practican y aprenden a ser naturales. Practican siempre para hacer la mente a un lado. La claridad viene de dejar caer los pensamientos como a un frasco de agua con lodo revuelto: cuando el lodo cae al fondo, los pensamientos se aligeran y la claridad aparece para poder apreciar lo que está frente a nosotros.

16
De vuelta a casa

Vacía tu mente de todo pensamiento.
Permite que tu corazón esté en paz.
Observa la confusión de otros,
pero contempla su regreso.

Cada ser separado del universo
regresa al origen común.
Regresar al origen es serenidad.

Si no reconoces el origen
tropiezas en la confusión y la tristeza.
Cuando reconoces de dónde vienes,
naturalmente te vuelves tolerante, desinteresado
y feliz, bondadoso como una abuela,
digno como un rey.
Inmerso en la maravilla del Tao,
puedes con lo que la vida traiga
y cuando viene la muerte
estás listo para recibirla.

*C*ada pensamiento viene acompañado de una emoción. Cada día nos visitan alrededor de 60 000 pensamientos, 45 000 de ellos negativos. Al día siguiente nos visitan los mismos pensamientos, no cambian. Si nos identificamos con ellos y vivimos como si los pensamientos fuéramos nosotros y cada pensamiento deja una emoción, entiendo por qué acabamos agotados al final de un día. Al vaciar los pensamientos negativos y darnos cuenta de que no son ciertos, que no se alienen con lo que es, cuando soltamos las ideas que hacen ruido, que te sacan de la armonía, aligeras el viaje. Párate sereno, nada necesita pasar en este preciso momento. Permite que las cosas caigan tal y como están, regálate la experiencia de estar en paz y en silencio dentro de ti.

Ésta es la única experiencia que vive para siempre, que se conecta con todo: es volver a casa.

Volver a casa es regresar a la naturaleza de quienes somos, a una simplicidad total.

❧❧

*Volver a casa es regresar a la naturaleza de quienes somos,
a una simplicidad total.*

❧❧

Vuelve a casa, a tu origen, a tu alma; todo va muriendo y al morir regresa a casa, déjalo ir.

Cuando volvemos a casa es cuando nos damos cuenta de que somos eternos, de que somos parte de todo. Dejarte ir al silencio del Tao es exquisitamente liberador.

No hay otra libertad. Lo que está presente en la muerte está presente en la vida.

El vacío es la forma de ser en la que estás en completa armonía, en completo rendimiento al Tao, donde existe un profundo silencio refrescante.

He dejado la idea de que soy importante, diferente o especial. ¡Qué liberador! Soy lo que quiera ser. Finalmente, todo es sólo un pensamiento que, analizado, siempre resulta una mentira; yo también sólo soy una percepción de quien yo he inventado que soy. ¿Qué tal que no soy nadie? Sólo soy experiencia, sólo soy una herramienta del Tao para proponer algo que se alinea con la fuerza de la naturaleza.

Sólo soy un reflejo de todo lo que está en el Tao, sólo soy una ilusión y todo lo que me regresa el mundo es mi limitada o expansiva capacidad de percepción.

Todo en el Tao es un reflejo de quien soy en realidad; yo no me conozco, sólo sé quién soy a través de ti (Tao).

Sólo sé que he vuelto a casa cuando ser parte de ti (Tao) es todo lo que necesito ser.

No importa nada, este vacío debe venir de nuestro interior.

Aunque la vida se ponga complicada debo encontrar silencio en mí, en mi destino, en las prácticas de todos los días. Silencio mental, emocional y espiritual. Si tuviera un deseo sería entender que no necesito nada, que yo puedo proveerme de esta paz con la capacidad amorosa, creativa y con la poderosa conexión que tengo con el universo. Si logro bailar con él, logro bailar por siempre. La estabilidad depende cien por ciento de mi calidad de percepción.

17
Confianza y amor

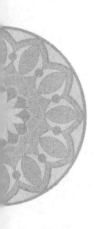

La maestra no posee ideas propias,
trabaja con las ideas de la gente.

Ella es buena con la gente buena.
Ella también es buena con los que no son buenos.
Ésta es la bondad verdadera.

Ella confía en los que son confiables.
También confía en los que no lo son.
Ésta es la confianza verdadera.

La mente de la maestra es como el espacio.
La gente no la comprende,
la observan y esperan.
Ella los trata como a sus propios hijos.

*C*ualquier relación que no está asentada en la confianza siempre se pudrirá. El amor y la confianza existen juntos. Cuando el amor desaparece, la confianza deja de vivir.

Permite que tus acciones vengan generadas por amor, amor a los demás, amor al planeta, amor a ti mismo. Permite que la compasión esté presente en cualquier tipo de relación con otro, aunque sólo sea una conversación. Alimenta el amor en ti y la confianza va a crecer. Con esta confianza ama al mundo.

Confianza en mí, en lo que soy, en lo grande que hay en mi camino, en los retos intelectuales, en mis capacidades. Confianza en mi físico y en mi salud, en mi cuerpo, en mi energía, en mis com-

Alimenta el amor en ti y la confianza va a crecer.
Con esta confianza ama al mundo.

promisos, en mi fuerza de voluntad, confianza en mi destreza para poder apoyar sabiamente, sin intervenir, a los seres que quiero.

Confianza en que soy capaz de desempeñarme correctamente, que finalmente no tiene que ver conmigo; en que voy a saber apreciar el éxito de cada momento y en que voy a crear algo que tenga que ver con lo que vine a desempeñar en el mundo. Confianza en que la gente va a poder conectarse conmigo, en que aprecio mi sabiduría y en que tengo la sabiduría para lograr lo que vengo a manifestar, tener la claridad de reconocer lo importante, lo que es real. Voy a tener la disciplina, la entrega, y voy a dejar las expectativas y las respuestas abiertas a lo que la vida me quiera enseñar; voy a estar despierta, en paz y a caminar hacia la oportunidad.

Me siento fuerte cuando estoy entusiasmada, cuando me rodeo de personas que se identifican con mi alma; pero me siento con poca confianza cuando me juzgan, cuando no entiendo lo que se requiere de mí, cuando no me puedo comprometer con algo, cuando siento que no tengo nada que ofrecer; cuando hay mucha incertidumbre y no sé cómo actuar; cuando la gente me califica por mi capacidad. Entonces me encuentro viviendo en mi mente, tratando de descifrar, de controlar, de resolver. Vivir en mi mente me da desconfianza, me da frustración; mi mente tiene una capacidad muy limitada de entender; por ello, lo que se necesita es dejar pasar.

Yo vivo sintiéndome capaz, tenaz, constante, llena de curiosidad y con ganas de dar.

18

Maestría

Cuando perdemos la capacidad de asombro
volteamos hacia la religión.
Cuando no confiamos en nosotros,
comenzamos a depender de la autoridad.

Por lo cual la maestra da un paso atrás,
para que la gente no se confunda.
Enseña sin una enseñanza,
para que la gente no tenga nada que aprender.

*E*n nuestras mentes asociamos aprender con entender, pero entender viene de nuestra mente analítica, mientras que aprender proviene de la experiencia, y sin experiencias no podemos aprender mucho.

Sal de tu guarida y siente lo que es estar vivo. Déjate llevar por el gran evento que es la vida y que se está desenvolviendo frente a ti. Absórbete y déjate llevar, déjate ser parte de esta energía tan poderosa que es el Tao.

El Tao es el mejor maestro, da lecciones interminables al que observa, al que escucha; no al que reacciona. Los ojos abiertos de incredulidad son los ojos que pueden ver lo eterno de las cosas.

El corazón y la mente que viven abiertos en verdad viven la vida con todo lo que se va desenvolviendo. Observa la naturaleza de cada cosa y observa la naturaleza del Tao, así entenderás la naturaleza de quién eres: tú.

19
Como un recién nacido

Aquel que vive en armonía con el Tao
es como un recién nacido,
sus huesos son suaves y sus músculos débiles
pero aprieta fuerte.
No conoce de la unión entre hombre y mujer
pero es tan profundo su poder vital
que su pene puede permanecer erecto,
es tan completa su armonía que puede gritar sin fin
y nunca ponerse ronco.

El poder del maestro es así,
permite que todo venga y vaya
sin esfuerzo, sin deseo,
nunca espera resultados por lo que
nunca está decepcionado,
como nunca ha sido decepcionado
su espíritu nunca envejece.

*I*nocente, confiado y simple, el maestro es a la vez sabio y a la vez niño. No tiene ningún propósito del ego, vive sin ningún deseo del ego, ningún lugar a dónde ir. En un mundo en el cual el intelecto es tan respetado, el sabio pasa desapercibido. En un mundo en el que todos están tan ocupados produciendo algo, el maestro parece inútil. Parece fuera de lugar.

Pero el gran valor de no tener que llegar a un lugar determinado y no tener que hacer algo determinado, es que te da paz contigo y con el mundo. El sabio no se mete en el caos del mundo, es libre para pasear, gozar, contemplar y permitir lo que viene y lo que se va.

El sabio conserva su inocencia siendo como un niño.

El sabio no necesita un hogar, su hogar es el origen del que nace todos los días su ser. Su inocencia lo lleva a casa, cuando está en casa se siente pleno y su corazón vive abierto, simple y libre.

Mantén tu mano firme para los demás, saluda con una sonrisa y mantén la mente en silencio, recibe al mundo generoso, abre los sentidos, sumérgete en ellos.

20
Ser moldeado por el Tao

En armonía con el Tao,
el cielo es claro y espacioso,
la tierra sólida y plena,
todas las criaturas florecen juntas,
contentas por su manera de ser,
repitiéndose sin fin,
renovándose sin fin.

Cuando el hombre interfiere con el Tao,
el cielo se ensucia,
la tierra se empobrece,
el equilibrio se derrumba
y las criaturas se extinguen.

La maestra observa las partes con compasión,
porque comprende el todo.
Su práctica constante es la humildad.
No brilla como una joya.
Permite ser moldeada por el Tao,
tan rugoso y común como una roca.

$\mathcal{S}$er uno mismo, ser auténtico cada momento, es el arte de conocerte en cada instante. Si no vivimos con un sentido claro de que somos seres de paz, de que somos almas, no vivimos realmente.

Podemos tomar una forma humana, podemos cohabitar este mundo; pero, aunque le llamamos vida, una vida real es una experiencia.

¿Cuál es tu experiencia?

Hay instrumentos con los que puedes tocar la canción de tu alma: permite al Tao moverte, permite al Tao cantar y bailar dentro de ti. Permite que la vida viva dentro de ti.

La gran experiencia de vida es vivir en la simplicidad, en lo intangible, en lo misterioso.

El Tao siempre está cambiando, pero permanece intacto.

¿Cómo sabe tanto el maestro de la vida? Sabe porque se conoce a sí mismo.

21
Adaptación

La maestra mantiene su mente
siempre unida con el Tao;
por ello luce radiante.

Si el Tao no se puede accesar,
¿cómo puede tener su mente unida a él?
Porque no se aferra a ideas.

El Tao es oscuro e indomable.
¿Como puede volverla radiante?
Porque ella lo permite.

Antes de que tiempo y espacio existieran,
el Tao es.
Es más allá de ser y no ser.
¿Cómo sé que esto es cierto?
Observo dentro de mí y esto es lo que veo.

*L*a fuerza de la naturaleza nace de su capacidad de adaptación. El maestro reconoce esto, por lo cual su existencia se vuelve plácida, fácil y llena de gracia. Vive en tu fuerza y siéntela al adaptarte, al unirte; siente tu separación, tu individualidad y tus miedos cuando reaccionas, te frustras y sales del baile y creas tu separación.

El maestro no tiene ninguna necesidad de demostrar su fuerza, no tiene necesidad de presumir o competir. Su fuerza está en la capacidad de doblegarse cuando es necesario. Sabe cómo dejar ir lo que cree que necesita o a donde cree que debe ir. La fuerza más poderosa del maestro es estar en casa en donde esté, tranquilo con los cambios que traiga la vida.

Como el agua que camina, siempre tiene un fluir, siempre toma un camino fácil. La próxima vez que me complique voy a respirar, voy a dejar ir, así voy a poder fluir.

Cuando esté negando una oportunidad, voy a decir que sí.

Experimenta cambiar de dirección para relajarte, para no fijarte en nada. La relajación es lo que permite que la energía fluya. Sin ideas fijas tu sentido de placer crecerá.

Y siempre vienen los cambios, y con ellos las oportunidades se hacen presentes; estos dos acompañantes llegan con señales y nuevas opciones. El Tao te va marcando el camino. Me siento feliz de hacer cambios, de sentir que una etapa termina y otra empieza. Me siento contenta de tener en mi vida el *coaching* y el yoga, de haber descubierto el Tao; creo que me han dado una filosofía sólida y me han ayudado a disfrutar mi camino hoy. Voy cosechando lo que he sembrado, nunca dejo de sembrar, nunca dejo de cosechar, es parte de los principios de la naturaleza.

¿Qué siembro? Todo lo que tiene que ver con mi calidad de vida, todo lo que me va pareciendo interesante, divertido, todo lo que la vida me propone y lo que me hace sentido. Sin sembrar, no hay cosecha; cuando no hay cosecha, la vida no cumple sus ciclos. Somos seres creativos por naturaleza. Siempre, en cada momento, estamos creando algo. ¿Tú que estás creando? ¿Yo? A mi familia que para mí es lo más importante; los amo, son mi fuerza y mi pasión. Llevo siete años de casada con Genaro y con la alegría de tener dos hijos maravillosos; cada uno de ellos es mi maestro en el camino de la vida y estoy profundamente agradecida por vivir en la humildad

❧❧

La fuerza más poderosa del maestro es estar en casa
en donde esté, tranquilo con los cambios que traiga la vida.

❧❧

de permitirme aprender de ellos que, estando tan cerca de mí, tienen tanto que enseñarme. Me he dedicado poco a poco a soltar las creencias arraigadas que tenía sobre la vida, como mujer y como Alejandra. Lo más difícil ha sido dejar ir las ideas que tengo de mí misma, las ideas que había decidido creer y que hoy me doy cuenta de que me dañan, me limitan y, sobre todo, ahora entiendo que no son ciertas. Por otro lado, cultivo mis intereses, son mi sentido, siempre quiero combinarlos, enriquecerlos uno con otro. Es parte del baile de la vida. La vida es un baile. Yo doy un paso y tú das el otro.

22
Manifestaciones

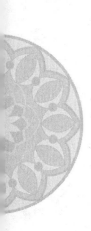

Exprésate completamente,
después mantente en silencio.
Vuélvete como la fuerza de la naturaleza:
cuando sopla, sólo hay viento;
cuando llueve, sólo hay lluvia;
cuando pasan las nubes, el sol brilla.

Si te abres al Tao,
te vuelves uno con el Tao
y lo encarnas completamente.
Si te abres a la profundidad,
serás uno con ella
y podrás usarla completamente.
Si te abres a perder,
serás uno con ella
y la podrás aceptar completamente.

Ábrete al Tao,
confía en tus respuestas naturales;
todo caerá en su lugar.

La naturaleza puede ser excesiva con sus emociones, como cualquier persona.

Un momento de gran expresión no debe ser reprimido, tampoco un descargo emocional o creativo; estos constituyen la fuerza transformadora de la naturaleza.

La naturaleza no impide el huracán o la erupción de un volcán porque contenerte cuando es momento de manifestarte es lo que toca en el Tao. Cuando estés ahí, viviendo un momento de transformación, de expresión, reflexiona: los que están de acuerdo con la verdad mantienen su fuerza, los que se alienan con el mal son regidos por la confusión y los que se alinean con el Tao son regidos por el Tao. El Tao no está en contra de nada, esto sólo le daría más fuerza. Se mueve, crea y vive la vida y la muerte como un proceso continuo, siempre desenvolviéndose.

Confiar en el Tao es estar en el baile con él.

Cuando confías te vuelves parte de una gran armonía. Cuando

tu confianza crece, entonces te relajas y te das cuenta de que no tienes nada que controlar, fluyes. Fluir es confiar, es vivir.

Confiar es tu naturaleza. Confía en los ciclos, estar arriba y abajo, estar dentro y fuera, confía cuando las cosas vayan bien, pero también cuando vayan mal. Siempre siente la protección del Tao, ésta es su naturaleza.

23
Lo cotidiano

El Tao nunca hace nada,
sin embargo todo se hace a través de él.

Si hombre y mujeres poderosos
pudieran centrarse en él,
el mundo entero se transformaría
por sí mismo en sus ritmos naturales.
Las personas estarían satisfechas
con sus vidas simples y cotidianas
en armonía, libres de deseo.

Cuando no existe deseo,
todo está en paz.

*L*a cotidianidad está llena de significado para el que observa, para el que contempla. Es un placer seguir al filósofo, al que vive con gratitud; mientras que es complicado seguir al que carga la maldad, la ingratitud. En el Tao seguimos los pasos de nuestros maestros, quienes hablan sin discutir, porque en su punto de vista siempre hay lugar para las opiniones de otros. El maestro no sabe necesariamente cómo resolver un cálculo matemático, pero entiende que cualquier cuestión matemática tiene que ver con sumar o restar, y que lo que cambia es el orden de las cosas, no la composición total.

El maestro está preocupado por la distribución, él no se quiere quedar con nada que no pueda compartir, porque sabe que su mayor tesoro no puede ser visto ni tocado: vive en su interior. Él es guardián del Tao y la llave la tiene siempre en su corazón.

Él ayuda a la gente con su simplicidad, cuida sus acciones y el efecto que tienen en otros, es observador de la manifestación que crea en el Tao y siempre está atento a este movimiento de creación.

24

Conocerte a ti mismo

Conocer a otros es inteligencia;
conocerte a ti mismo es sabiduría verdadera.
Tener maestría sobre otros te da fuerza;
tener maestría sobre ti mismo te da poder verdadero.

Si reconoces que tienes suficiente,
eres realmente rico.
Si te quedas en el centro
y recibes la muerte con todo tu corazón,
perdurarás por siempre.

*D*entro del Tao saber quién eres es vivir en la luz; conquistar lo que eres es despertar.

Los que tengan la habilidad de ver su grandeza, de sentarse en su poder, dejarán por siempre de estar preocupados de lo que otros piensen.

Cuando uno se conoce reconoce que la fuerza está en la satisfacción interior. Cuando uno se conoce, conoce todo, mira en ti y mira a otros, mira a los que juzgas, mira al universo, todo vive en ti,

Cuando estás infeliz y desconectado es porque te aferras a metas y objetivos que tienen que ver con tu ego, con el personaje que has creado de ti; tratas de controlarte a ti y a otros, te organizas y encuentras algo que hacer.

no podría ser de otra manera, no puedes experimentar al mundo mas que a través de ti; en ti vive la dimensión, la profundidad y también aquí se hospedan las limitaciones del ser individual de ti mismo y de los demás.

Cuando estás infeliz y desconectado es porque te aferras a metas y objetivos que tienen que ver con tu ego, con el personaje que has creado de ti; tratas de controlarte a ti y a otros, te organizas y encuentras algo que hacer. Relájate, deja de hacer. Cuando te relajes y te des cuenta de que no hay nada que hacer, entonces te vas a encontrar en paz; entonces encontrarás que tu hacer tiene que ver con tu fuerza, tus pasiones, y que está en armonía con tu entorno. Es un quehacer que te integra, te hace crecer y se alinea con el Tao, es el quehacer que vive en la abundancia del ser.

Cuando eres inseguro resistes los cambios, te aferras a lo que ya conoces y te llenas de tensión; este esfuerzo te causa cansancio.

Sé valiente, ¡déjate ir! Abandónate a no saber y aprenderás que es muy fácil cambiar, que simplemente te tienes que adaptar.

Estos son los placeres de conocerte y están siempre a la mano, no vayas a donde tu mente te quiera llevar, no hagas lo que tu mente quiera hacer. Haz lo que por dentro te nazca hacer. Baila con todo tu ser cuando te inviten a bailar.

25
La mano cuidadora del Tao

Cuando un hombre superior oye del Tao,
inmediatamente comienza a encarnarlo.
Cuando un hombre común oye del Tao,
lo cree a medias y lo duda a medias.
Cuando un hombre tonto oye del Tao,
se ríe en voz alta.
Y si no riera,
no sería el Tao.

Así se ha dicho:
El pasaje a la luz parece oscuro.
El camino hacia el frente parece retroceder.
El camino directo parece largo.
El poder real parece débil.
La pureza verdadera parece manchada.
La auténtica permanencia parece inestable.
La verdadera claridad parece oscura.
El arte maravilloso parece ordinario.
El amor más profundo parece indiferente.
El más sabio parece infantil.

El Tao no puede encontrarse.
Sin embargo nutre y completa todas las cosas.

*L*a naturaleza mantiene su balance, está en perfecta armonía con lo que está presente.

Cuando contemplas la naturaleza reconoces su integridad: cuando algo le falta, compensa; cuando está débil, se hace fuerte, y cuando cae, se levanta.

Entender la forma de ser de la naturaleza es entendernos a nosotros mismos: si peleamos, si tratamos de cambiar las cosas y mecanizamos nuestro pensamiento, sufrimos. Si volvemos a la naturaleza, reconociendo que ella nos creó, entonces encontramos respuestas y éstas son dejar que las cosas sean, al aceptarlas surge sin esfuerzo el cambio, despertamos a lo que es, lo dejamos de pelear y lo logramos conquistar. La naturaleza siempre se va a mover hacia el balance, hacia el orden, tú eres parte de este movimiento, el universo se preocupa por sostener lo que está en armonía con él, él se preocupa por sostenerte a ti y, para poder hacerlo, necesita transformarte.

26
Humildad

Todos los ríos van al mar
porque está por debajo de más abajo que ellos.
La humildad le da su poder.

Si quieres gobernar a otros,
debes ponerte por debajo de ellos.
Si quieres ser líder de otros,
debes aprender a seguirlos.

El maestro está por encima de los demás
y nadie se siente oprimido.
Va por delante de otros
y nadie se siente manipulado.
El mundo entero está agradecido con él.
Porque él no compite con nadie,
nadie puede competir con él.

El Tao es nuestro mayor maestro y los que aprenden de observarlo crecen humildes en su corazón. Si observas verás que el Tao sostiene todo. A veces lo más difícil de apreciar es toda la creatividad que está expuesta para hacer tu vida bella, cuánto amor está concedido a tu existencia. Hemos aprendido a encontrar las fallas, a observar las carencias. Relájate, déjate cuidar, déjate querer, déjate sorprender.

Es fácil caer en la tentación de sentirnos con ganas de pelear, discutir, pensar que el mundo está en tu contra; buscando enemigos, sintiendo la separación del bien y el mal. Pelear te hace sentir, según tú, poderoso, dando fuerza a tu ego, te distrae de sentirte amado.

Vive con humildad como tu mayor virtud, verás todo completo, sin divisiones; verás que eres parte de un todo, que tu individualidad es muy relativa y que pensar que eres algo separado del mundo, que el todo no es parte de ti, es sólo una ilusión de tu mente.

❧

*Hemos aprendido a encontrar las fallas,
a observar las carencias. Relájate, déjate cuidar,
déjate querer, déjate sorprender.*

❧

La realidad la crea cada persona en cada momento; tu interpretación de la realidad es la que te hace sufrir, es la que te hace experimentar la vida tal y como tú la vives.

Para hacernos uno con los demás debemos ser parte de todo, ser uno con la experiencia; suelto todo, me doy cuenta de que todo es perfecto y que lo que había creído que nos separaba era sólo un pensamiento mío que hoy sé que me lastima y me hace daño: el quererte a ti no tiene nada que ver contigo, sino con la capacidad que tengo de quererme a mí misma, tú sólo representas un reflejo de lo que vive en mí.

Vivo en humildad, vivo completa. ¡Vivo!

27
Usa el Tao

El Tao es llamado la gran madre:
vacía e inagotable,
da a luz a mundos interminables.

Siempre está presente en ti.
Puedes usarla como tú quieras.

El Tao es circular; nunca empieza, nunca termina; siempre está en movimiento; siempre está cediendo y cambiando. Estudiando el camino del Tao aprenderás a ceder en emociones, conversaciones, pensamientos e ideas fijas. Observa que los ciclos del Tao todo lo incluyen, ten la certeza de que, a donde vayas, vas a regresar. El Tao es completo, no es carente de nada, es un reflejo de ti.

Pero también es vacío, no se puede ver, el Tao siempre fluye y no tiene metas, sino que concluye ciclos. Conocer al Tao es regresar al vacío poderoso de tu ser, conocer el Tao es existir por el placer de vivir.

Cada quien camina en el Tao y cada quien está atento o no a despertar a él, éste es tu único gran propósito.

Conoce el poder del Tao, observa sus patrones. Estar en armonía con él es estar en casa.

Cada quien camina en el Tao y cada quien está atento o no a despertar a él, éste es tu único gran propósito.

Hay que convertirse en un alumno de la vida. Me gusta la posición de la alumna, auque a veces caigo en querer controlar, en querer producir para "sentirme más segura". Irónicamente, cuando salgo a producir para asegurar estoy actuando desde un lugar de carencia y miedo y desde este filtro experimento la vida. Si salgo al mundo a crear, a manifestar desde el poder de mi alma, lo natural será recibir abundancia, sin esfuerzo, sin estrés y sin límites.

Me siento contenta con la idea de salir al mundo y verlo desde la perspectiva de descubrir el paso que me acerca a mi camino, estar energética para crecer, estar presente en mis hábitos y en las prácticas que hacen de mí la persona que soy. La claridad de mis pensamientos determina la calidad de mi vida. Ser más simple, más directa, ¡hay que quitar la emoción, la reacción y la confusión!

¡Qué bien, me encantan las cosas tal como son!

Directa: estoy presente, aprendo, experimento y sigo.

Lo hago lo mejor posible, ni yo ni nadie me juzga. Sigo feliz, sin tener que demostrar nada... sólo ser... ser feliz... tranquila, en gozo...

Estar tranquila sana mi alma.

Las prácticas espirituales me ayudan a aligerar el viaje, a encontrar el verdadero sentido de las cosas.

28
Siguiendo al Tao

Quien este plantado en el Tao
no será desenterrado.
Quien abraza el Tao
no se perderá.
Su nombre será honrado
de generación en generación.

Permite al Tao estar presente en tu vida
y te volverás auténtico.
Permite que esté presente en tu familia
y tu familia florecerá.
Permite que esté presente en tu país
y tu país será un ejemplo
para todos los países del mundo.
Permite que esté presente en el universo
y el universo cantará.

¿Cómo sé que esto es cierto?
Mirando dentro de mí.

*C*uando vivas en tu verdad reconocerás al Tao. La confusión surge cuando queremos que las cosas salgan de determinada manera, cuando no podemos ver claramente y las emociones nos absorben. No pensar con claridad lo que es real, no reconoce al Tao. Cuando vives descubriendo tu camino de la mano del Tao reconoces las contradicciones del Tao y sabes que tu camino no se puede saber, ésa es la filosofía del Tao.

La vida es clara para los que saben que el Tao no se puede ver, así como el camino surge de la oscuridad. Déjale la dirección al Tao. Vive satisfecho con tu vida, permite que se desenvuelva paso a paso y así muévete tú, a través de ella; el Tao se puede comprender sólo en el momento presente. No se revela de otras maneras. Si no sigues al Tao nunca lo conocerás.

29
Libertad

Colores ciegan el ojo.
Sonidos ensordecen el oído.
Sabores duermen el gusto.
Pensamientos debilitan la mente.
Deseos marchitan el corazón.

El maestro observa el mundo
pero confía en su interior.
Permite el ir y venir.
Su corazón es libre como el cielo.

*L*a vida está llena de vacíos, de silencios, de la gentileza de la naturaleza. Con gran cariño, todo se sostiene, se alimenta, se conserva. El Tao no necesita sustancia. Permite que él entre por tus venas, que haga palpitar tu corazón, deja que llene cada parte de ti. El Tao siempre te mantendrá despierto, seguro y latente.

Permite al Tao fluir en ti, coopera con él, disfruta de él.

El Tao es libre y se mueve libremente entre todos nosotros, sin embargo nos han enseñado a obstruirlo; pensamos que sabemos, cuando no sabemos nada; creemos que controlamos, cuando no controlamos nada, así interrumpimos el camino del Tao.

Da un paso atrás, permite que el Tao se mueva, permite que el Tao tenga un lugar en tu corazón; déjalo participar en tus acciones, permite que use tus palabras.

Vivir vacío es un regalo de pocos, este vacío es la bendición real del ser humano. Es como cuando se encuentra uno con el mar, el sol, con una experiencia en la que te puedas sumergir,

*El Tao es libre y se mueve libremente
entre todos nosotros, sin embargo nos han enseñado
a obstruirlo; pensamos que sabemos, cuando no sabemos nada;
creemos que controlamos, cuando no controlamos nada.*

desaparecer, ser uno con ella, sin mente, sólo experimentar, como un niño. Éste es el mayor gozo, el momento de mayor realización. Muévete hacia el vacío al permitir que los momentos se muevan a través de ti. Haz todo el espacio posible en tu vida para experimentar tu unión con el Tao.

Qué satisfacción saber que tengo el poder y la energía de extraerme de cualquier sentimiento, emoción, circunstancia, grupo de gente y que no tengo que identificarme con ninguna de las anteriores; debo ser un pájaro libre, ligero y feliz, que cante sin mantenerse fijo a nada. Un pájaro que no deja camino, un pájaro que no tiene ruta programada, sabe que su camino vive lleno de gracia y cuidado. Deja los miedos en la tierra, saca el pecho lleno de tu corazón palpitante, digno, dispuesto. Hoy me doy cuenta de cómo me han limitado mis miedos: la idea de conservar y cuidar lo que hoy se esfuma como ilusiones del pasado, volviéndome esclava de cierta "seguridad", de cierta "identidad". La seguridad está en ser quien soy plenamente. Co-crear quien soy con otros y con las circunstancias en cada momento. Pretender que me voy a volver "alguien", pretender que tengo que ser "alguien", pretender que tengo que presentarme de determinada manera, me aleja de mi autenticidad, me vuelve incompleta y me hace sentir triste y desconectada de mí.

El vacío es estar en espíritu, en armonía y resonancia con el Tao, co-creando el balance perfecto.

30
Estar quieto

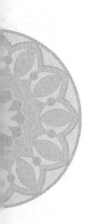

Sin abrir tu puerta,
puedes abrir tu corazón al mundo.
Sin mirar por tu ventana,
puedes ver la esencia del Tao.

Entre más aprendes,
menos entiendes.

El maestro llega sin haber salido,
ve la luz sin observar,
logra sin hacer.

*S*i vives devoto a tu nombre, a tu reputación, a tu credibilidad y a tus ambiciones, lo que sacrificarás será tu esencia. Si vives cuidando tus riquezas, si piensas que puedes controlar, poseer, tu ser está perdido.

Busca fuera de ti y nunca te encontrarás. No tener nada que perder es la completa felicidad; si vives pensando en todo lo que te hace falta, perderás los tesoros que cargas.

Frénate. No te muevas. Respira. Permítete sentir.

Al estar quieto te darás cuenta de la simplicidad de las cosas.

Busca fuera de ti y nunca te encontrarás.
No tener nada que perder es la completa felicidad;
si vives pensando en todo lo que te hace falta,
perderás los tesoros que cargas.

Respira y permite que todo lo que tenga que moverte te mueva, como el árbol se mueve con el viento.

Estar quieto es parte de quienes somos, es parte del pasar de la nube, es no querer correr y no querer frenar, es estar bien exactamente con lo que se es.

Hoy Genaro estuvo triste, se terminó una etapa de un proyecto laboral para el cual había trabajado muy fuerte, dejando mucho de su ser.

Me da pena verlo así, pero yo entiendo que son procesos del Tao. Él ha aprendido mucho, esto es parte del aprendizaje: soltar, dejar ir. Ha actuado de maneras que han resultado importantes ventanas de claridad.

A veces, y con suerte, acabamos de ser quienes decidimos ser. Empezamos nuevas formas de ser, vivir, sentir, expresarnos. Se cierran puertas y, si nos mantenemos en crecimiento, se abren unas más alineadas con la simplicidad de la armonía universal.

Entre más terrenales somos más difícil es el día a día, y mientras más espirituales somos más fácil es el vuelo. Genaro me refleja mucha paz y felicidad; hoy está triste y nostálgico por lo que pudo ser, por sus sueños.

Los sueños... ¡qué peso cobran los sueños en nuestra vida! Cómo le pueden dar tanto sentido, si muchas veces ni siquiera se manifiestan, ni siquiera se vuelven visibles o probables, pero trabajamos duro por ellos y nos dan "sentido". Vivimos por un sueño, nos alimentamos de él y a veces dejamos de vivir por él.

¡Ay!, mi Gena, soñador incansable con alma tenaz, hoy pienso en ti. ¡Cómo me haces feliz!

31
Serenidad

Llena tu vasija hasta el tope
y tu agua se desparramará.
Sigue afilando tu cuchillo
y perderá su filo.
Busca dinero y seguridad
y tu corazón nunca se liberará.
Si te importa la aceptación de otros
te volverás su prisionero.

Haz tu trabajo, después camina hacia atrás.
Éste es el único camino a la serenidad.

*L*a serenidad nos huye cuando queremos llenar algo que por naturaleza debe estar vacío. Tratamos y tratamos, pero el vacío no se puede tapar. Ponemos tanta energía en esto que no nos damos cuenta de que no hay nada que llenar; la serenidad nos huye y el esfuerzo es en vano.

Deja de tratar de cambiar lo que es; si acaso, cambiarás su apariencia.

Vive satisfecho de hacer las cosas bien. Permite que el mundo y la gente se cuiden solos.

Vive conquistando el miedo de no saber.

Lo que quisiera es simplificar mis gastos y mis necesidades, tener cada día la claridad de que lo que necesito ya lo tengo, y lo que no tengo es porque no lo necesito.

Tener una mayor perspectiva en cuanto a lo que las personas a mi alrededor me dan y sumar a ello maneras de ser que generen cada día mayor capacidad de amar y disfrutar.

32
Contrastes

Si deseas reducir algo,
primero debes permitir que se expanda.
Si quieres deshacerte de algo,
primero debes permitir que florezca.
Si quieres tomar algo,
primero debes permitir que te sea dado.
A esto se le llama la percepción sutil
de cómo son las cosas.

Lo suave se impone a lo duro.
La lentitud se impone a la rapidez.
Permite que tu trabajo permanezca en el misterio,
muestra a los demás sólo los resultados.

*E*l caballo representa nuestro interior: por un lado, es servil, útil y tranquilo; por otro, es salvaje, tenaz y desbocado. Cuando reconoces que hay algo más grande que tú, te haces un gran favor, tus pasiones se alinean con algo mayor y te vuelves generoso y amoroso.

Cuando vives en tu individualidad tus pasiones se vuelven tu propia destrucción. El deseo te lleva a la desesperación y te desgasta. Sales en busca de saciar algo y te quedas siempre con ganas de más. Lo que te lleva a necesitar, siempre te hará necesitar más. Cuando menos te des cuenta estarás a merced de una sed insaciable que no se puede mitigar.

Si pones tu pasión al servicio de tus tristezas, crearás mayor desesperanza y sufrimiento. Las pasiones de vanidad son las más dolorosas, pues nos llenan de un poder que saca lo peor de nosotros. Pierde tu camino y tus caballos se van a la guerra. Permite que tus pasiones creen belleza, permite que tu pasión te lleve a conocerte, permite que tus pasiones te den la energía de crear un camino que te lleve de regreso a tu hogar, a tu templo, a ti.

33

Vivir todo en el mismo lugar

Lo pesado es la raíz de lo ligero.
Lo inmóvil es el origen de todo movimiento.

A pesar de que el sabio viaja durante el día
nunca deja su casa.
Sin importar la belleza del paisaje,
vive sereno en sí mismo.

¿Por qué el señor del reino
revolotea como un tonto?
Si permites ser llevado aquí y allá,
pierdes contacto con tu raíz.
Si permites que tu inquietud te mueva,
pierdes contacto con quien eres.

*U*na vez que estamos en casa, con nosotros mismos, sabemos más del mundo de lo que podríamos saber recorriéndolo. El maestro viaja a su interior y encuentra que todos los paisajes maravillosos se desenvuelven dentro de uno mismo. Al no tener que ir a ningún lugar, está en paz con explorar lo que es real.

Al no correr a ningún lugar, el maestro logra todo lo que tiene que lograr.

No hay mayor camino, aventura y realización que la de volver a casa, la de conquistarse a uno mismo. No hay mayor soledad que la que experimenta el que no sabe vivir consigo mismo.

El maestro se mueve libre por el mundo porque no conoce las fronteras, no conoce limitaciones en su mente; sólo conoce la libertad de vivir con la mente serena, como un lago de agua dorada, en paz, en silencio y con la riqueza de no tener que saber nada, porque reconoce que no hay nada que saber, nada que decir.

34
Esfuerzo

Actúa sin hacer;
trabaja sin esfuerzo.
Piensa en lo pequeño como grande
y en lo poco como mucho.
Confronta lo difícil
mientras es todavía fácil;
logra la gran tarea
con una serie de pequeños actos.

La maestra nunca aspira a lo grande;
cuando confronta alguna dificultad
hace un alto en el camino
y se entrega a ella.
No se apega a su comodidad;
y los problemas, no son problemas para ella.

El esfuerzo y el estrés son compañeros de la persona que piensa que necesita "hacer". Nos acompañan y no nos permiten estar en paz.

Los llevamos con nosotros porque se nos olvida que los podemos dejar. Creamos en nosotros el esfuerzo de ganar y vivimos como si esto fuera lo único que importara.

Cuando nos molesta el estrés lo queremos aliviar, pero el estrés no se va si seguimos invitando al esfuerzo.

El maestro dedica tiempo todos los días para no hacer nada y se da cuenta de que con claridad conquista hasta la más complicada de las tareas. Es muy efectivo; él sabe que no hay nada que se deba hacer que él no pueda llevar a cabo, y que el trabajo más difícil se puede realizar con gracia y tranquilidad.

La vitalidad del espíritu y la fuerza del cuerpo son generadas por el Tao; éstas son interminables, como agua cayendo hacia ti, refrescándote y regenerándote en cada momento.

35
Permite que las sospechas desaparezcan

El maestro se rinde
a lo que trae el momento.
Sabe que morirá
y no le queda nada a qué aferrarse;
no hay ilusiones en su mente,
no hay resistencia en su cuerpo.
No piensa en sus acciones;
fluyen desde el centro de su ser.
Se entrega a la vida sin resistencia;
y por lo tanto está preparado para morir
como un hombre está preparado para dormir
después de un buen día de trabajo.

*E*l maestro ve todo como si fuera la primera vez; su corazón confía como el de un niño.

Vive en el centro del mundo, porque él confía en que todo está ahí para su bien; no hace juicios ni emite opiniones, sino que recibe todo con amor.

Se acomoda a lo que traiga la vida sin dificultad y esto lo mantiene eternamente joven.

Permítete no saber que es nada ni nadie. Relaciónate con cada persona como si fuera la primera vez, regala la frescura de conocer a todos en el momento en el que estás con ellos, no hagas historias de las personas que sólo las limitan y no les hacen justicia, permítete estar con tu gente más querida con la curiosidad primera.

Recibe lo que la vida te esté dando a través de esa persona y reconoce que si están cerca de ti es por una razón poderosa.

36

Miedo de la vida y de la muerte

Si es claro para ti que todo cambia
no intentarás aferrarte a nada.
Si no temes a la muerte,
todo será posible para ti.

Intentar controlar el futuro
es como intentar tomar el lugar
del maestro carpintero.
Cuando manejas las herramientas
del maestro carpintero,
lo más probable es que te cortes.

*S*i contemplamos la vida nos daremos cuenta de que es un ciclo que va de la vida a la muerte, y a la vida una vez más.

Para ella el rinoceronte representa el egoísta de piel dura que quiere cumplir sus deseos y que va a salirse con la suya a cualquier precio.

El tigre simboliza al que se deja llevar por la pasión, con un espíritu feroz y un modo destructivo, y la espada denota al vengativo, al destructor que amenaza con quitarte la vida.

Mi fe va de la mano de mi energía;
cuando mi energía está alta, mi mente está libre
de pensamientos que causan estrés y me siento
muy bien conmigo misma.

El sabio vive sin miedo de ellos porque su espíritu es libre de sus amenazas; no importa que aparezcan fuera o dentro de sí, él es intocable, su espíritu sabe lo que es real y lo real es que él no puede morir, su esencia es eterna, siempre ha vivido, siempre ha muerto y ahora reconoce que su experiencia de vida es más sencilla y que el estar aquí es transitorio y es un regalo que tiene que ver con los demás.

Hoy tengo claro que debo hacerme a un lado, otra vez, para dejar fluir lo que me toca vivir.

Hoy quiero escribir sobre la fe. Para poner balance en la muerte, tenemos fe en el futuro y desde aquí generamos la confianza de que las cosas van a salir bien, de que hoy me toca afrontar mi adultez, encuentro que es mi momento de ser fuerte, de estar íntegra, de estar con ganas de vivir, en mi camino, no el de nadie más, el mío, en el que los demás se vuelven el perfecto reflejo de lo que llevo dentro. Fe, para mí, es vivir libre. El Tao me cuida, para ello mi energía debe estar alta y entusiasta para tener la capacidad de conectar con la belleza de una flor, de una canción, de un paisaje, de lo que tiene una vibración energética más elevada.

Mi fe va de la mano de mi energía; cuando mi energía está alta, mi mente está libre de pensamientos que causan estrés y me siento muy bien conmigo misma.

Si pierdo la fe y siento ansia y desidia, cuando estoy cansada y cuando dudo de mí y de mi futuro, cuando confundo mi camino con el de otros, para bien y para mal, empiezo a vivir en mi mente y entonces quiero solucionar, entender, enseñar.

37
Raíces y ramas

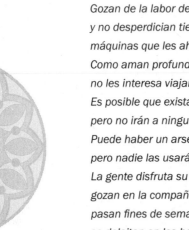

Si se gobierna con sabiduría un país,
sus habitantes estarán felices.
Gozan de la labor de sus manos
y no desperdician tiempo inventando
máquinas que les ahorren trabajo.
Como aman profundamente sus hogares
no les interesa viajar.
Es posible que existan carretas y botes,
pero no irán a ninguna parte.
Puede haber un arsenal de armas,
pero nadie las usará.
La gente disfruta su comida,
gozan en la compañía de sus familias,
pasan fines de semana trabajando en sus jardines,
se deleitan en los hechos del vecindario.

Y aunque el país próximo está tan cerca
que la gente oye sus gallos y el ladrido de sus perros,
se sienten satisfechos de morir viejos
sin haberlo visitado.

*T*odo lo que creamos en nuestra vida son ramas que se desprenden de nuestro corazón; con atención y conciencia nuestras ramas dejan salir frutos y flores, como un jardín bien atendido al que todo el que pasa aprecia.

Crece en conocerte y crecerán tus ramas, todo lo que florezca de ti será el reflejo de la prosperidad y la buena fortuna, así te alineas con la naturaleza y vives en su ciclo siempre abundante.

Observa cómo vivir siendo parte del Tao trabaja a favor de tu vida y, sobre todo, observa cómo te relacionas con tu familia, tu trabajo, tus amigos y tus compromisos. No esperes nada del Tao, permite que las cosas sean perfectamente como son, la simple contemplación te da el entendimiento total de la razón de ser.

Hoy cuido la energía de mi lenguaje, estoy presente en mis conversaciones de creación, de amor, cuido mis relaciones, encuentro que relacionarme con personas que son honestas y claras de pensamiento me inspiran, me ayudan a tener resonancia de lo

No esperes nada del Tao, permite que las cosas sean perfectamente como son, la simple contemplación te da el entendimiento total de la razón de ser.

que es importante para mí y me es fácil cuando lo que veo en ti es el reflejo de lo que veo en mí, ése es mi compromiso contigo.

Hoy estoy atenta a ser la mejor persona posible en cada momento y, cuando por alguna razón no lo sea, tener compasión por mi aprendizaje.

Hoy elijo estar satisfecha, más alegre cada día, escojo vivir fuera de mi mente y presente en mis sentidos.

Hoy estoy comprometida con mi familia, con mi camino, con mis virtudes. Cuando dude de mi fe hablaré contigo, que compartes mi camino, para recordar mi paz y poder seguir adelante con lo que la vida proponga.

Tu camino te sembrará la paz y esta paz será la tierra de la cual crecerán tus ramas.

38

Perfecta armonía

La verdadera perfección parece imperfecta,
sin embargo es perfectamente en sí misma.
La verdadera plenitud parece vacía,
sin embargo está enteramente presente.

Lo verdaderamente recto parece torcido.
La verdadera sabiduría parece simple.
El arte verdadero parece carente de talento.

La maestra permite que las cosas sean.
Da forma a los eventos mientras acontecen.
Se sale del camino y permite que el Tao
hable por sí solo.

*C*uando vivimos en el Tao nos volvemos jóvenes una vez más, nos volvemos inocentes y libres de pensamiento. Ajenos al miedo. La sabiduría es como una niña con ninguna idea fija de nadie ni de nada, pero con un sostén fuerte de la verdad de sí misma. Cuando vivimos en armonía percibimos todo desde una perspectiva simple, desde su origen natural. Vivir en el gozo es el mejor acompañante del descubrimiento. Los sonidos y lo que observamos se vuelven la existencia del baile de la vida. Ella sabe que observar con generosidad es lo que permite vivir en la majestuosidad de cada momento.

Cuando vivo lejos del Tao, al contrario de lo que es natural para mí, la vida se convierte en un consumo total de caprichos y hábitos, el cansancio es inevitable. La vida se seca, la fascinación por vivir se desvanece, nada vale la pena.

Moverte hacia tu origen, hacia tu fuerza, da nacimiento a la persona que eres. Sé feliz con lo simple y lo natural, porque es ahí donde se refleja la perfección del ser.

Estar atenta a que mi presencia es mi mejor regalo me hace pensar en que cada momento se construye y que se complementa la persona que voy a llegar a ser al final de mi vida. Cada día es una oportunidad para ser más por los demás y vivir siendo auténtica con actitudes que reflejen tranquilidad, paz, ser un ejemplo de celebrar la vida y gozar el momento, el regalo de estar juntos en perfecta armonía.

39
Misteriosa virtud

Deja de pensar y terminarás con tus problemas.
¿Hay diferencia entre el sí y el no?
¿Hay diferencia entre el éxito y el fracaso?
¿Debes darle valor a lo que otros valoran?
¿Evitar lo que otros evitan?
¡Qué ridículo!

Otras personas se emocionan,
como si estuvieran en un desfile.
Sólo a mí no me importa,
sólo yo estoy sin expresión,
como un bebé antes de que pueda sonreír.

Otras personas tienen lo que necesitan;
sólo yo no poseo nada.
Sólo yo estoy a la deriva,
como quien no tiene hogar.
Mi mente está tan vacía que parezco un idiota.

Otras personas brillan;
sólo yo soy oscuro.
Otras personas son agudas;
sólo yo soy suave.
Otras personas tienen algún propósito;
sólo yo no sé.
Estoy a la deriva como una ola sobre el mar,
floto como el viento, sin propósito.

Soy diferente al hombre común.
Bebo de los pechos de la gran madre.

*L*o que más nutre nuestro ser es la sensibilidad, la cual no se puede describir pero sí se puede cultivar. A través de tu cuerpo despiertas tu sensibilidad, te conectas con tu esencia.

La simple meditación de poner la atención dentro de ti, creando silencio, es la llave para conectarte con el Tao. Permite que esto sea una práctica diaria: cierra la boca, los ojos, permite que la calma se adueñe de ti, vuélvete uno con la tierra. Permite que esta práctica sea sencilla y deja que el Tao se adueñe... Déjate ir, pierde el control.

Volverte un vehículo del Tao, dejar fluir al Tao por tu ser, es la gran virtud del misterio. Sentir el Tao y agradecer su presencia en ti es el mejor regalo que te puedes dar.

*Permite que esta práctica sea sencilla
y deja que el Tao se adueñe… Déjate ir, pierde el control.*

Siempre te sentirás querido y respetado porque esta conexión de amor es la más poderosa, y la calidad de amor que surja de ti es la calidad de amor que vas a poder experimentar hacia otros. Sal al mundo, coopera con el Tao, y sentirás la gracia de vivir en el misterio de la vida. Ríndete a este misterio y déjate ir.

40
Un paso a la vez

El Tao da vida a uno.
Uno da vida a dos.
Dos da vida a tres.
Tres da vida a todas las cosas.

Todas las cosas dan la espalda a lo femenino
y dan la cara a lo masculino.

Cuando se combinan femenino y masculino,
todo se logra en armonía.

El hombre común odia la soledad
pero el maestro la usa,
acogiendo su soledad, dándose cuenta
de que es uno con el universo completo.

Nuestra vida comienza con cada paso. El sabio no gana grandes batallas por dar grandes pasos. Lo más grande puede ser conquistado con un paso a la vez. Hacer poco con gran atención da más vida que hacer mucho sin sentido. Él pone atención a cada acción, a cada movimiento de su mano, pone atención a lo que toca, a lo que dice. Nada pasa sin ser observado. Él sabe que nada es complicado, que todo es fácil.

Él no trata de lograr nada, no está apegado a ningún resultado, él sólo está atendiendo al presente.

No corras hacia el futuro, lo único real es lo que tienes frente a ti. El sabio pone toda su atención en el momento presente y en este momento no hay ninguna dificultad.

No invites a la distracción de tu pensamiento. Permanece totalmente entregado a la fascinación del momento presente y date cuenta de que todo lo que la vida te ofrece sólo existe en la dimensión de este momento.

¿Estás aquí?

41
Tres tesoros

Algunos dicen que mis enseñanzas carecen de sentido.
Otros las llaman elevadas, pero impracticas.
Pero para quienes se han asomado en sí mismos,
estos sin sentidos tienen perfecto sentido.
Y para aquellos que las practican,
estas elevaciones tienen raíces profundas.

Sólo tengo tres cosas que enseñar:
simplicidad, paciencia, compasión.
Estos tres son tus mayores tesoros.
Simpleza en acción y en pensamiento,
regresarás al origen del ser.
Paciente tanto con el amigo como con el enemigo,
estás en paz con las cosas como son.
Compasivo contigo mismo,
reconcilias a todos los seres del mundo.

*E*l sabio reconoce tres tesoros: simplicidad, paciencia y compasión. En la simplicidad encontrarás que todo es fácil y relajado. Simplicidad es saber que nunca has dejado tu hogar, no importa donde estés; tú eres el origen, de ti se genera la vida. Tu vida es un reflejo de quien eres. Tú eres el origen, la fuerza, estás justamente frente a lo que has creado y nunca ha sido diferente.

La paciencia te va a permitir escuchar en lugar de reaccionar. Aprender de la mano de escuchar te permite decir sí antes que decir no, y te permite experimentar cada momento sin prisa de que termine. La paciencia crea la fuerza de tu mente, una mente fuerte no se agita fácilmente y ve con claridad a través de la ilusión.

Amor es compasión, es todo lo que necesitas, sobre todo para ti mismo.

Nada existe fuera del amor.

Simplicidad, paciencia y compasión son las llaves para entrar al Tao, regresar al origen, conocerte a ti mismo, es la expresión

*Estar en paz es estar alineada con lo que realmente
es importante en mi verdad.*

más grande de tu vida. Reencontrar el camino de regreso a ti mismo, a tu alma, es el viaje más emocionante; pero es un viaje que requiere paciencia, si te apuras pierde sentido. El viaje debe ser lento, disfrutando cada momento; si te mantienes presente y gozoso encontrarás lo que buscas. Que tu guía sea la compasión de tu corazón. Tu corazón siempre ha sabido tu camino, el camino de cada momento, tu corazón siempre sabe la respuesta y está en tu silencio.

Cuando experimento paz, ésta tiene que ver con la compasión hacia mí misma. Mi confianza de salir adelante, mi fuerza de confrontar situaciones y sentirme poderosa y capaz ante cualquier situación. Estar en paz es estar alineada con lo que realmente es importante en mi verdad, gozar de esta claridad sin tener que reaccionar emocionalmente. Todo fluye a través de mí, todo cobra una perspectiva simple y real; no me dejo llevar por la atracción del drama, de la confusión mental, del conflicto existencial.

Tengo compasión por mis fallas, por mis defectos y por mi lento aprendizaje.

Cuando mi cuerpo se siente en paz, lo siento balanceado y con una mayor capacidad de enfoque y energía que me permiten reconocer la fuerza de los tres tesoros dentro de mí.

42

Reconocer tu voz

Fracasar es una oportunidad.
Si culpas a otros,
no hay fin para la culpa.

Por lo tanto el sabio
lleva a cabo todas sus obligaciones
y corrige sus propios errores.
Hace lo que tiene que hacer
y no demanda nada de otros.

*E*sta semana aprendí que mi voz es poderosa cuando está en silencio; que a veces me encierro y juego a ser víctima y al final la víctima nunca gana nada. Yo decido qué observo y qué quiero experimentar en mi vida. Juzgar y dar explicaciones no es necesario. Cuando las personas están contigo es bueno; si las personas se alejan, también es bueno.

Las personas pueden pensar lo que quieran de mí, yo no soy perfecta y hoy entiendo que no tengo que pretender serlo. Lo que los demás piensen de mí no tiene nada que ver conmigo, sólo tiene que ver con su interpretación. Hoy vivo en humildad, llena de días bellos.

A veces tengo miedos, reparo en mis defectos, mis carencias, pero ahora me doy cuenta de que cuando caigo ahí mi único camino es aprender a regresar al misterio de la vida. Reconozco lo inadecuados que nos sentimos cuando pretendemos alejarnos de lo que se trata realmente ser humano, y sólo queremos vivir en lo civilizado, en lo correcto y dando instrucciones de qué significa esta vida para nosotros.

Encuentro mi voz en silencio cuando me hago el camino fácil, cuando no creo todo lo que pienso, cuando disfruto de la vida, cuando no le doy voz a mi mente. Cuando uso mi voz para dar amor, cariño y justicia a lo que me rodea, no cuando la uso para imponerme, tener la razón, clasificar lo que observo, determinar lo que es importante para otros, definir lo que es importante en la vida.

43

La enfermedad del saber

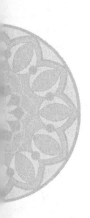

No saber es el conocimiento verdadero.
Pretender saber es una enfermedad.
Primero hay que aceptar que estás enfermo;
sólo entonces podrás moverte hacia la salud.

La maestra es su propia sanadora.
Se ha sanado de todo conocimiento,
así vive realmente completa.

A veces nos sentimos tan enfermos que no sabemos qué es lo que nos está poniendo mal. Éste es el problema con el conocimiento, pues pensar que sabemos nos vuelve rígidos y no nos permite saber reconocer todo lo que no sabemos, y esta ignorancia es la que nos aleja cada día más de nuestra verdad.

Primero, debemos reconocer que tratar de acumular conocimientos es una enfermedad y nos aleja de nosotros mismos. Nos damos cuenta de que algo no está bien, que algo está haciéndonos la vida complicada; si no reconocemos el origen de la enfermedad, no sabremos cómo encontrar una cura.

Querer saber es una enfermedad. Cuando reconocemos que tomar prestadas las experiencias de los demás y tratar de enseñar con ellas es pretender que sabemos algo cuando en realidad no sabemos nada fuera de nuestra propia experiencia.

Tus experiencias son tu mejor maestro, es donde crece tu sabiduría. La sabiduría prestada o aprendida nunca será sabiduría.

Para ser sabio, para vivir en el Tao, es necesario ser inocente, ser libre, ser amoroso con todo, entonces te llenas de tu verdadera esencia. Reconozco que cuando estoy ahí no tengo que hacer nada para estar presente ante toda mi sabiduría.

44
Libre de acción

Cuando se persigue el conocimiento,
cada día se agrega algo.
En la práctica del Tao,
cada día se suelta algo.
Cada vez tienes menos necesidad de forzar las cosas,
hasta que finalmente llegas a la no-acción.
Cuando nada se hace,
nada queda sin hacerse.

La verdadera maestría puede lograrse,
dejando que las cosas tomen su propio camino.
No puede lograrse interfiriendo.

*C*uando algo sucede en tu vida y lo percibes como injusto hay dos maneras de afrontar la situación: una, clasificarla como buena o mala. Si la juzgamos como mala, reaccionamos expresando nuestro coraje y peleando por lo que creemos que está bien; y la segunda, es la del sabio.

El sabio necesita de su energía para suavizar guerras internas. El sabio observa todo y, al observarlo, todo cambia, sin mayor esfuerzo; estando ahí no discrimina nada, le da vida a todo "lo bueno y lo malo", no provoca, no va a la guerra, él coopera con todo lo que sucede y no hace alarde de las cosas; con su silencio, es efectivo.

Debo enfocarme a no hablar sino a actuar sólo cuando la acción tenga importancia, cuando venga de mi interior, cuando vaya alineada con el Tao. Guardo silencio para crear un poderoso observador que revele más espectros de lo presente y así pueda seguir en paz, dejándolo ser, seguir alineada con el Tao. No me toca entender todo lo que sucede, no me toca juzgar todo lo que pasa, no tengo la suficiente perspectiva, no me toca entender cómo funciona la naturaleza o el por qué del misterio de la vida, lo que me toca es rendirme ante el misterio. Así no tomo posturas dramáticas, no soy víctima de nadie ni de nada, regreso a mi fuerza, a mi responsabilidad, y desde ahí a mi paz.

45
Evidencia de la verdad

Las palabras verdaderas no son elocuentes.
Las palabras elocuentes no son verdaderas.
El hombre sabio no necesita tener la razón;
el hombre que necesita tener la razón no es sabio.

La maestra no posee nada.
Entre más hace por los demás,
más feliz es.
Entre más da a los demás,
más se enriquece.
El Tao alimenta no forzando.
El maestro conduce no dominando.

*L*as palabras bonitas no siempre son verdaderas, los argumentos complicados y poderosos no necesariamente contienen la verdad. La verdad siempre es simple. La verdad se vuelve evidente ante una mente clara.

El sabio sabe esto y no tiene nada que ocultar, sus ojos están abiertos, te miran de frente, con amor; sus palabras no esconden nada y sus acciones hablan de quien es.

Nada obstruye la verdad, nadie la posee. La verdad siempre esta ahí, la verdad te libera de cualquier sufrimiento, la verdad es más sencilla que cualquier cuento que pongamos sobre ella; la verdad te llena de luz y hace tu vida pacífica; la verdad no es una regla moral o social, la verdad tiene que ver con la armonía total, con el amor incondicional.

Bibliografía

Una Nueva Tierra
Echara Tolle

Amar lo que es
Byron Katie

Return to Love
Marianne Williamson

The Tao
Priya Hemenway

Una vida sin límites, de Alejandra Llamas
se terminó de imprimir en enero de 2010 en
Worldcolor Querétaro, S.A. de C.V.
Fracc. Agro Industrial La Cruz
El Marqués, Querétaro
México